LA IVME RACE

G. HUGELMANN

LA

IVME RACE

TOME Ier

PARIS

E. DENTU, LIBRAIRE ÉDITEUR,

PALAIS ROYAL, 13 ET 17, GALERIE D'ORLÉANS

1863

A LA FRANCE

France ! ceux qui veulent que tu sois
digne de ta mission dans l'Avenir, ont
à remplir deux devoirs :
Être Napoléoniens,
Faire des Napoléoniens.

L'ESPOIR DE LA FRANCE

I

A la droite de l'homme, qui a gagné les batailles
de Magenta et de Solferino, un enfant se tient
souvent à cheval, devant les bataillons rassemblés.

Entre les genoux de la jeune femme qui a égrené
en bienfaits sur la France son collier de mariage,
le même enfant se montre parfois à la foule.

Son regard est profond ; son sourire est vainqueur.

Comme Louis XIV et comme saint Louis, il a,
dans les veines, du sang de France et du sang
d'Espagne.

Le jour de son baptême, Clovis et Pélage se
sont embrassés dans le ciel.

Quand il a prononcé sa première parole, Duguesclin et Guzman le Brave ont soulevé, pour y applaudir, le granit de leur tombe.

Et qu'il passe en revue les soldats enthousiastes ou qu'il salue de sa petite main blanche les mères attendries, une sorte de commotion électrique vole, de cœur en cœur, sur le chemin qu'il parcourt.

C'est autre chose qu'un enfant qui passe. Si ce n'était qu'un enfant on se contenterait de lui sourire. C'est plus qu'un enfant, on essuie involontairement une larme montée de notre cœur à nos yeux.

Il doit non seulement hériter, au nom de la France, de quatorze siècles d'événements préparés par Dieu pour la plus grande gloire de notre Pays, mais administrer, en outre, cet héritage pour le plus grand bien des petits êtres qui se développent simultanément avec lui dans nos bras ou sur nos genoux.

L'espoir du Pays repose tout entier sur sa tête.

Que cet enfant vive, que cet enfant règne, et l'abîme, creusé sous nos pas par les cataclysmes inhérents à toute époque critique, se referme pour ne plus se rouvrir.

Que cet enfant vive, que cet enfant règne, et une époque nouvelle d'affirmation, par conséquent de progrès régulier, commence pour notre patrie, en même temps que pour le reste du monde.

Tous les ébranlements sont conjurés.

La Religion poursuit sa marche féconde dans la voie de l'Avenir en entraînant l'Humanité à sa suite.

L'Unité française, résumée dans la forme de gouvernement qui peut seule de nos jours en garantir l'existence, continue de briller comme un flambeau sur toutes les nationalités dont son essor a précédé l'essor.

Les intérêts intellectuels de la France, qui ne sauraient être sauvegardés que par l'ordre, que par la conquête pacifique des éléments nécessaires à leur satisfaction, reprennent leur rôle prépondérant et initiateur dans les âges, conservant la mission de pondérer dans le monde, au profit du spiritualisme, les entraînements de la matière.

Les intérêts matériels de notre patrie, désormais sûrs de l'Avenir, se développent dans des proportions qui leur assurent la direction des affaires du globe par la pacifique direction de tous les marchés de l'Univers.

Que cet enfant, qui est à nous ainsi qu'à l'Empereur, vive ; que cet enfant, qui est à nos femmes ainsi qu'à l'Impératrice, règne, et, comme par enchantement, toutes les inquiétudes s'éloignent de nos horizons.

L'azur se fait sur les palais et sur les chaumières.

La richesse entre dans les comptoirs en même temps que dans les granges.

Un grand calme règne dans les esprits, dans les âmes, dans les cœurs.

Cet enfant est un arc-en-ciel.

Que tous le voient ; que Dieu le bénisse ; et il n'y aura pas d'orage demain.

Toutes les prières doivent donc tendre à obtenir du ciel la vie et le règne de cet enfant, puisque son règne et sa vie garantissent tant d'existences, sauvegardent tant d'intérêts.

Aussi, ceux qui croient fermement et déplorent l'envahissement du doute,

Ceux qui veulent que la France soit la première parmi les Nations,

Ceux qui veulent que la pensée de la France marche en avant de l'Humanité,

Ceux qui veulent que la fortune de la France soit à la hauteur de son intelligence,

Ceux qui sont de France, en un mot, pensent à cet enfant et disent :

« Mon Dieu, faites qu'il vive !

» Mon Dieu, faites qu'il règne ! »

II

Des hommes voient clair dans la volonté divine,
impénétrable pour le reste de leurs semblables.

Ces hommes sont les penseurs.

Ils ont le don d'embrasser, par l'Idée, l'ensemble
des événements, et d'entrevoir, à la façon dont
il les a préparés, comment Dieu les dénouera.

Pour eux, un grand homme n'est pas l'imprévu.
S'il est un envoyé de la Providence, il est aussi
la résultante d'une évolution de l'Humanité ; et sa
venue peut être prophétisée, en vertu des règles
qui font que la solution de tout problème est à la
portée du calculateur digne de le comprendre.

Pour eux, toute révélation est le résumé d'une

aspiration ; Dieu ne se fait connaître qu'aux hommes qui l'implorent.

Eh bien ! si les penseurs embrassent l'ensemble des événements, ayant précédé la venue au monde de l'enfant Impérial ;

S'ils se rendent compte des aspirations dont il peut être le résumé,

Des problèmes qu'il peut résoudre,

De la révélation autoritaire que l'Humanité implore pour se rasseoir dans la conscience de sa mission terrestre,

Ils sont obligés de déclarer qu'il est dans la logique des événements que cet enfant vive et règne, car sa vie et son règne sont la clef de voûte du moderne édifice social ; car s'il ne règne pas, cet édifice est sapé dans sa base, et la Civilisation occidentale est compromise.

Alors ils interrogent de nouveau les éléments à l'aide desquels il est donné à l'Idée de fixer les bases de l'Avenir ;

Ils comparent, entre elles, les lois immuables qui ont réglé, dans le Passé, la succession des époques d'affirmation ;

Ils se demandent en vue de quel mot culminant de l'histoire de l'Humanité la Providence fait en ce moment converger vers la France tous les événements qui s'accomplissent dans le Monde ;

Ils se rendent compte du vide qui se ferait au sein de l'Univers à la disparition de cet enfant ;

Et précisément parce qu'il y a eu un martyr au Temple,

Un martyr à Schœnbrunn,

Précisément parce qu'un homme est errant de Venise à Londres, de Frosdorff à Vienne,

Parce qu'un autre homme est mort sur le chemin de la Révolte,

Ils concluent encore :

Que cet enfant vivra ;

Que cet enfant règnera !

III

Que sont les prières des hommes et les équations des penseurs, auprès de la parole des créatures sur la lèvre desquelles on est certain de cueillir toujours la vérité ?

Le dernier soleil d'automne de l'année qui vient de finir brillait et dorait, de ses rayons pâles, les pavés éloquents de la cour des Tuileries.

Le drapeau d'Austerlitz flottait sur le dôme.

Il y avait, sous les grands balcons, trois cordons d'infanterie et deux lignes de cavalerie. Le dernier sursaut des canons lourds, s'arrêtant sur le granit, lançait à l'écho son bruit sévère.

Et tout le long des grilles, la foule ardente regardait les uniformes, se demandant tout bas vers quelle extrémité de la terre ils allaient porter le respect du Peuple de France.

Il y avait là un homme en blouse, qui portait sur son épaule un petit garçon d'une dizaine d'années, et qui se haussait pour que l'enfant pût voir, entre les cuirasses brillantes, les tabliers blancs des sapeurs et les plumes rouges des tambours-majors.

L'ouvrier était silencieux sous son fardeau, mais son fils chantait victoire et frappait des mains à chaque ondoiement des drapeaux sous la bise.

« Bravo, criait-il, vive les soldats ! »

A ce moment, les tambours battirent aux champs ; les musiques jouèrent à la fois l'hymne de la reine Hortense.

Le balcon du milieu s'était ouvert en même temps que la grande porte vitrée du palais.

L'Impératrice y avait paru.

Les carabiniers colossaux empêchaient de voir qui venait de sortir des Tuileries, mais on devinait, aux cris des officiers, que l'Empereur passait devant la première ligne.

« Quel dommage, — disait le fils de l'ouvrier, — qu'on ne voie pas d'ici Mme l'Impératrice ! Heureusement qu'on peut se rattraper dans le faubourg, quand elle vient à l'Asile Sainte-Eugénie. »

Et le petit démon racontait à ses voisins comment, chaque quinzaine, on voit une belle dame frapper à la porte de l'Asile, tendre la main aux sœurs de la charité, puis embrasser les orphelins, qui ont une mère sur le trône depuis que la leur est au ciel.

Un commandement plus rapproché lui coupa la parole.

La dernière ligne d'infanterie, qui tournait le dos à la foule, fit volte-face, et, du côté de la rue de Rivoli, entre cette ligne et la grille, contre laquelle se pressait la foule, parurent les trompettes des cent-gardes, puis tout le cortége impérial, se hâtant derrière le souverain, à côté de qui, sur son poney d'Irlande, caracolait, en uniforme de grenadier, le jeune prince que le plus humble des enfants de troupe de France peut appeler son camarade.

Quelques secondes après, tout cela était devant l'ouvrier et devant le petit tapageur.

La foule criait, comme crie la foule intelligente, chaque fois qu'elle voit passer l'homme signifiant pour elle Travail et Gloire :

« Dis donc, papa, — interrompit tout à coup le fils de l'ouvrier, — n'est-ce pas que le petit Empereur est de la quatrième Race ? »

Le père ne répondit pas de suite ; mais en faisant glisser son fils de son épaule à terre, il le baisa au front.

« C'est donc pas vrai ? » — continua l'enfant.

L'ouvrier prit deux sous dans sa poche et lui acheta un gâteau.

« Je savais bien, moi, que c'était vrai, — s'écria le petit drôle, en mordant à même la brioche. — La première Race est celle des Mérowingiens, la seconde celle des Carlowingiens, la troisième celle des Capétiens, la quatrième celle des Napoléons. N'est-ce pas, papa ? »

L'ouvrier tremblait d'émotion.

Il avait compris, — cet homme qui retournait se courber sur un établi ou sur un étau, — que, dans les paroles de son fils, il y avait tout l'Avenir de la France, et que cet Avenir dépend exclusivement de ce que la quatrième Race occupe, dans notre Histoire, la place que les hommes lui ont offerte, que les penseurs lui savent réservée et que nos enfants lui prophétisent.

IV

Je chercherai dans la reconnaissance des hommes, dans les raisonnements des penseurs, dans la douce révélation de l'enfance, les triples causes qui ont rendu la quatrième Race indispensable à la France, inséparable de la France, certaine désormais pour la France.

La reconnaissance des hommes, les raisonnements des penseurs, la douce révélation de l'enfance me diront : — que la Providence ne peut pas avoir permis en vain au Prince Impérial de trouver, dans son berceau, la Légende qui donne le Passé, la force qui assure le Présent, l'amour d'un Peuple qui garantit l'Avenir.

S'il pouvait manquer à ma tâche quelques éléments, j'irais les chercher dans le cœur des mères,
berceau naturel des hérédités saintes.

Et le cœur des mères m'affirmerait :

Que pour le bonheur des chérubins au berceau,
comme pour le salut des esprits troublés, des intérêts encore incertains, des principes ébranlés,
des éléments de la famille compromis, il faut que
l'enfant Impérial vive, il faut que l'enfant Impérial
règne.

L'époque est solennelle et décisive.

Tout, pour la France, est dans l'inséparabilité
de ses destinées et des destinées des Napoléons.

N'être pas avec eux, c'est être contre la France ;
car Dieu, ainsi qu'elle, s'est retiré de tout ce qui
n'est pas eux ou avec eux.

L'enfant de l'ouvrier avait raison :

La quatrième Race commence.

DES RACES SOUVERAINES

I

Les siècles ont succédé aux siècles, les ruines
se sont entassées sur les ruines, les mondes
éteints ont été rejoindre, dans l'inconnu, les mondes
évanouis ; et, de la profondeur des temps comme
de l'immensité des espaces, une seule loi a surgi,
éternellement victorieuse parce que, seule, elle
est divine.

Cette loi est : — l'Unité.

Il n'y a eu, pour la matière comme pour l'intelligence, de salut qu'en elle et que par elle.
Dieu, qui est l'absolu, ne s'est donné qu'elle
pour suprême instrument et pour incontestable
miroir.

Les révoltes de la Création contre le Créateur, à tous les degrés de l'échelle de la matière ou des êtres, n'ont abouti qu'au retour des divers éléments insurgés sous le joug réparateur de cette loi.

Rien ne s'est fait, dans le désordre causé par ces révoltes, qui n'ait eu pour résultat de reconstituer une synthèse quelconque, et, au sein même du trouble matériel ou moral survenu, l'Unité gouvernait en maîtresse chacune des portions du tout brisé, leur imposant à chacune un rôle dans l'ensemble qu'elle allait reconstituer.

C'est en vain qu'un des éléments de la Création essaierait de se soustraire à cette loi. En la bravant il la confesse, et, quand il croit l'avoir dépossédée de sa toute-puissance, il l'affirme soudain, en venant aboutir au terme de sa mission, et se ranger, par cela seul qu'il est sujet au pouvoir du temps, sous l'irrévocable niveau de l'Unité absolue.

Aussi loin que puisse plonger la science humaine, — fut-elle armée de son plus indomptable orgueil, — dans les profondes ténèbres du temps écoulé, dans les inaccessibles espaces ; qu'elle se raidisse contre la Révélation qui l'universalise et qui lui offre cependant de l'enrichir de toute la somme des découvertes enregistrées par la Religion, conservatrice des âges ; qu'elle interroge les

entrailles du globe ou escalade les nuages pour
leur demander d'autres solutions au problème de
l'inconnu que celles dont les archives de l'Humanité se sont enrichies par droit héréditaire; elle ne
peut sortir de l'Unité que pour y rentrer, et, comme
un lutteur, cent fois rejeté à terre par un colosse
contre lequel il luttera toujours vainement, elle
est rejetée, épaules au sol, par la loi suprême qui
déjoue ses calculs et se rit de ses défis.

L'Unité, l'Unité toujours, l'Unité jusques dans
le chaos, puisque le chaos dut obéir ;

L'Unité dans chacune des transformations suc-
cessives subies par la matière, puisque la matière
ne se transforme jamais qu'en vue d'une transformation postérieure, dont la solution est déjà, en
elle, à l'état embryonaire.

Pas un système planétaire qui n'ait son centre,
son axe unique ;

Pas une période géologique qui ne soit régie
par l'inflexible autorité.

En vain l'Idée, cette impondérable par excel-
.ence, prétend à une indépendance exceptionnelle :
quand, divine, elle planait au-dessus des vasti-
tudes, elle était dépendante.

A plus forte raison elle est dépendante, alors
que, dégagée de Dieu même, elle s'est intimé-
ment unie à l'homme par un hymen qui l'oblige à

seconder l'ascension de la matière vers la perfection, seuil de l'absolu.

Des événements, dont l'Idée orgueilleuse n'est
cependant pas capable encore de se rendre compte,
ont bouleversé, dans ce qu'elle nomme le vide,
les mondes dont elle n'a commencé qu'hier à ap-
précier le rôle immense. Malgré ces événements,
et indubitablement à cause d'eux, un soleil immobile a réglé, autour de lui, la gravitation des autres
astres, et, de système en système, d'autres soleils,
comme lui, ont imposé une gravitation à leurs sa-
tellites, confessant, par leur immobilité même, la
puissance qui leur avait dit à tous : — « Vous serez,
dans telles limites, l'Unité au nom de l'Unité. »

O révolutions terrestres! vos mystères, insondés
par nos aïeux, ne se révèlent successivement à
nous que pour affirmer autant de synthèses. Le
vent terrible qui a renversé les fougères ; l'onde
impitoyable qui les a submergées ; les agents de
décomposition qui en ont fait ce charbon, grâce
auquel en partie la synthèse future s'organise,
ont vu successivement un élément de leur existence emporter tous les autres dans la voie où ils
l'ont suivi, hiérarchisés qu'ils étaient, dans leur
rôle, par les rapports plus ou moins intimes éta-
blis entre leur force et la sienne, entre leur autonomie et son autonomie.

Maintenant que toutes les transformations de la matière semblent suspendues, autour de nous et dans l'espace, partout on voit l'Unité formulée à tous les degrés, et la hiérarchie imposée par elle comme une garantie contre le chaos.

Que ceux qui veulent que les hommes protestent au nom de la Nature contre l'Unité, demandent à la Nature un seul exemple d'une protestation semblable, et la Nature le leur refusera.

Je ne veux pas savoir d'où tu viens, premier groupe d'êtres pensants et agissants, qui te montres à moi sur la terre.

Je te prends dans les âges primitifs ou dans les profondeurs encore inconnues des continents inexplorés.

Et de même que chez les êtres qui n'ont que le mouvement, et sont, par conséquent, privés de ce rayon supérieur qui se nomme l'Idée, je constate un progrès en toi, chaque fois que tu te hiérarchises et que, de la synthèse famille, tu montes à la synthèse tribu.

Pourquoi, sans qu'un mot révélateur soit des-

cendu des cieux vers tes membres, admettent-ils
que l'homme créateur soit vénéré par l'homme
créé, la femme créatrice par la vierge qu'elle a
enfantée, et que tous soient inclinés sous le regard de celui dont tous sont nés, jusqu'à ce que,
étendu sur le sol par la mort, il ait laissé à un
autre l'autorité qu'il exerçait?

Pourquoi tous les vieillards, Chefs de famille,
tournent-ils leurs regards vers un d'entre eux
dont leurs pères ont respecté le père, et pourquoi, de même qu'il y a désolation dans la famille
quand l'aïeul est froudroyé par la mort, y a-t-il
désolation dans la tribu, quand celui que les pères
appelaient : — le Père ! — est frappé par elle à
son tour ?

C'est que l'Unité, qui régit l'Univers au nom de
Dieu, a placé, dans le sein des hommes, quelque
privés qu'ils soient de la grâce, l'embryon du code
dont elle est l'inspiratrice suprême. Que les hommes se développent, même en dehors du souffle
bienfaisant de la Révélation, une protestation sur-
naturelle éclate en eux contre les insensés, qui,
ayant eu le bonheur de naître dans le sein même
de cette Révélation, veulent s'opposer, malgré cela,
à l'influence et au développement de ses richesses.

Pas de négation possible :

De même qu'il faut un soleil aux mondes,

De même qu'il faut, à chaque cohésion d'éléments, un élément qui la domine.

De même il faut un chef à la famille et une hiérarchie dans la famille,

De même il faut un chef à la tribu et une hiérarchie dans la tribu.

Cela, incontestablement établi, demandons-nous quelle force fait tendre les astres vers la continuité du pouvoir qui règle leur marche dans l'étendue?

Demandons-nous quelle force fait aspirer les éléments à la continuité de leur soumission à l'élément qui les domine?

La science véritable cherchera, d'accord avec la Foi, le secret de cette force et de cette aspiration.

La science orgueilleuse essaiera de nier l'existence d'une propulsion providentielle chez ce qu'elle nommera la matière inerte ; mais ce qu'elle ne pourra nier, c'est que l'ordre de tout système et sa continuité dans l'ordre constituent sa perfection.

Chez le groupe d'êtres pensants, je n'aurai pas besoin d'interroger la science pour constater le sentiment et le désir de la continuité indéfinie.

Bonheur et malheur, voilà mes pierres de touche.

La sensation est une preuve.

Que la continuité soit suspendue dans n'importe quelle œuvre de l'être pensant, il souffre, quand cette œuvre surtout se trouvait avoir satisfait ou résumé ses aspirations ou ses amours.

Que cette continuité se fortifie et s'affirme, il y a chez l'être bonheur.

Or, il est irréfutable que l'Unité a personnifié la famille dans le père et résumé en lui toutes les aspirations des siens.

Or, il est irréfutable que l'Unité veut que les familles aient, pour lien synthétique entre elles, un homme qui sera le chef des hommes, et dont les rejetons seront appelés à résumer à leur tour les aspirations de leurs rejetons.

A celui qui a réglé, pour l'Humanité, les étapes d'un développement à part, de fixer ce que doit être l'homme-Chef, et comment il doit devenir ou demeurer le premier de tous ; mais ce qu'il y a d'irréfutable aussi, c'est que la continuité du pouvoir de cet homme sur les siens est la suprême garantie, l'incontestable certitude de leur bonheur.

L'Humanité a marché d'étapes en étapes ; les tribus sont devenues des Nations ; et ce qui était vrai pour les tribus comme pour les familles a été vrai pour les Nations comme pour les tribus.

Toutes les fois que l'homme qui les résumait a laissé après lui un homme digne du même rôle, elles ont été heureuses, florissantes, dignes d'une mission dans les âges.

Toutes les fois que cette succession a été impossible pour une cause quelconque, les Nations ont souffert, se sont appauvries et ont vu s'échapper de leurs mains la part de prépondérance qu'elles exerçaient.

C'est que, pour une Nation, l'hérédité est la clef de voûte, comme pour le système des mondes le soleil est le centre régulateur.

Eh bien ! ce que je veux établir, c'est qu'une Race souveraine est, pour une Nation, l'Unité vivante, dont le règne incontesté assure le bonheur.

Quand les événements, dont Dieu reste pour moi la cause suprême, suspendent ou annulent la mission d'une Race souveraine, c'est que la Nation, dont elle était la tête, est-condamnée pour un temps indéterminé. — C'est à l'élection et au triomphe plus ou moins prompt ou plus ou moins indiscuté d'une autre Race de même nature, qu'on peut reconnaître le plus ou le moins de vitalité de cette Nation, et le degré d'influence providentielle qu'elle doit exercer sur le développement de l'Humanité.

Essayer de soutenir qu'une Race héréditaire, quelles que soient du reste les conditions de son hérédité, n'est pas la clef de voûte d'une Nation, c'est soutenir que le soleil pourrait impunément faire défaut au système des mondes.

III

Pourquoi ce jeune homme va-t-il avec confiance
se ranger auprès de cet autre pour combattre l'ennemi commun ?

C'est que leurs pères se sont rangés jadis sous
le même drapeau pour combattre l'aïeul de leur
adversaire.

Pourquoi, sur la parole de l'héritier d'un possesseur de galères, l'héritier d'un tisseur de
pourpre va-t-il risquer loin de Tyr les produits de
ses ergastules ?

C'est qu'en même temps leurs pères ont fait
fortune, alors qu'ils risquaient mutuellement leur
premier avoir dans une association de ce genre.

L'hérédité de la confiance est l'hérédité du courage et de la fortune.

« Tu es un Ptolémée? » — demandait l'égyptien noir au possesseur du Nil.

» Oui.

» Eh bien! parce que tu es un Ptolémée, je vais construire une pyramide, et les siècles nous contempleront en elle, car moi je suis toi parce que mon père a été ton père. »

« Gloire à Octave, le neveu de César. Le neveu de César est César! » — criaient les vétérans dans les rues de Rome.

Et Auguste, le lendemain, consolidait cette grande synthèse, d'où l'Humanité est partie pour de nouvelles destinées.

A Tacite la responsabilité du sentiment d'hésitation qui nous arrête devant notre logique admiration pour l'ère des Césars.

Mais à mesure que l'Histoire a le mensonge et la calomnie moins faciles, l'identification des peuples avec la Race souveraine qui les guide est de moins en moins discutable, et il est enfin hors de doute, pour le penseur, que c'est par cette identification que les Peuples deviennent initiateurs et puissants.

On suit Clovis parce qu'on est fils d'un père qui a suivi Mérovée.

Les fils des guerriers de Pépin d'Heristal sont

ceux qui poussent Pépin-le-Bref en Normandie;
et quand Charlemagne va sanctionner de nouveau
la donation de l'exarchat de Ravenne, c'est la
France qui la sanctionne en lui, parce que, désormais, la France est carlowingienne.

Et à mesure que les temps se rapprochent encore des temps où j'écris, l'identification de la Nation et de la Race souveraine acquiert une plus
étroite intimité.

« Mon fils est au fils de mon Roi, aussi longtemps
que mon Roi est la Nation faite homme. »

Et le fils armé meurt pour le fils couronné, quand
ce n'est pas le fils couronné qui meurt pour le fils
armé.

Il faut que ce soit la Race qui manque au Peuple
pour que le Peuple s'en sépare, et il y a autant de
douleur pour l'un lors dans cette séparation que de
malheur pour l'autre.

Mais l'Unité elle-même veut qu'une Race qui
manque à un Peuple cesse de l'avoir identifié en elle.

« Ange des destins, — crie alors le maître, —
tu vas aller déposer au centre d'un tapis historié,
sous le plus humble des toits d'une île inconnue,
un enfant qui se nommera Napoléon! »

Et pendant ce temps le Peuple, dans sa sublime
souffrance, forge les foudres que cet enfant se-
couera sur les capitales.

IV

Si l'identification d'un Peuple dans une Race
providentiellement destinée à ce rôle, est révo-
quée en doute, que celui qui ose douter remonte
par la pensée dix années de l'histoire de la France,

Le vote de la France lui répondra.

Qu'il entre dans toutes les chaumières de France,

Dans tous les ateliers de France,

Dans tous les endroits de France où il y aura
un ouvrier ou un laboureur à cheveux blancs, un
jeune ménage et des enfants, déjà en âge de marcher au pas les uns derrière les autres, quand le
plus âgé dit : — « En avant ! »

Que le sceptique prononce un nom :

Napoléon !

Sans ajouter lequel,

Il n'y a plus de nombre pour ce nom dans l'esprit des masses :

Napoléon, c'est Napoléon !

Le vieux travailleur aura un éclair dans le regard,

L'homme viril caressera du doigt sa médaille de Crimée,

La femme fera le signe de la croix, en pensant au vieillard de Rome, comme y pensaient, sous Charlemagne, les femmes des sujets du grand Empereur,

Et les enfants se rangeront en bataille en songeant au Prince Impérial.

Alors le sceptique, quelle que soit sa déconvenue et sa colère, se rappellera que j'ai écrit :

« Les siècles ont succédé aux siècles, les ruines se sont entassées sur les ruines, les mondes éteints ont été rejoindre dans l'inconnu les mondes évanouis ; et, de la profondeur des temps comme de l'immensité des espaces, une loi a surgi, éternellement victorieuse, parce que seule elle est divine · — L'Unité ! »

LES RACES DE FRANCE

I

Pour confesser l'incontestable action de l'Unité
providentielle, France, il me suffit d'étudier ton
histoire !

Pour reconnaître la participation certaine de
l'Unité individuelle à ton œuvre collective, France,
je n'ai qu'à suivre pas à pas ton Peuple, de son
enfance à sa majorité !

Pour déclarer que cette double impulsion divine
est intimement, successivement et irrévocablement dépendante du symbole actif et vivant que
je nomme Race souveraine, France, je n'ai qu'à
t'interroger !

II

Après un nombre indéfini de siècles, l'Humanité
a conquis l'Idée chrétienne : — chacun de ses
membres est égal devant Dieu.

C'est désormais de ce nouveau point de départ
que l'Humanité va s'élancer : — tous les autres
points de départ ont disparu.

L'Égalité de l'homme devant le Créateur est,
dès-lors, l'indispensable flambeau que chaque Chef
de Nation doit tenir devant cette Nation.

Quelle est la Nation dont le Chef le tiendra devant toutes les autres et qui signalera à travers les
âges le but nouveau à atteindre ?

Il y a toujours à atteindre un but nouveau pour

l'Humanité, et jusqu'à ce que les Nations se soient fédérées, c'est une d'entre elles qui précédera les autres dans la voie de l'Avenir.

Au sein des ombres historiques de la civilisation première, on voit s'avancer successivement, en tête des Nations, chacune de celles qui travaillent tout d'abord, dans le berceau même de l'Humanité, à la cohésion des éléments sociaux qui doivent présider à son développement collectif.

Et, au nom de chacune d'elles, un homme, qui est une Race, porte la lumière.

Sésostris est une hérédité; son hérédité est une résultante : quand Sésostris parle et agit, c'est l'Égypte qui agit et parle.

Ainsi de Sémiramis pour Ninive.

Ainsi de Darius pour la Perse.

Ainsi d'Alexandre pour la Macédoine d'abord, et bientôt pour le monde connu de lui.

Pas un de ces souverains qui ne soit à la fois l'intérêt moral et l'intérêt matériel vivants de ceux qu'il gouverne, et qui n'ait chacun d'eux en lui.

Les prétendus tyrans sont des tyrannisés :

Ils ont charge de Nations et d'hommes.

Alexandre, marquant un des âges humains, une crise a lieu, comme au passage de toute chose d'un âge dans un autre âge ; et cette crise est identique à celle qui aura lieu quand une nouvelle période de sa vie aura conduit l'Humanité d'Alexandre à César.

Pendant le cours de cette période, il y aura eu, alternativement, marche d'une Nation devant les autres, d'une Race devant cette Nation.

Carthage et Rome émergent plus particulièrement, à tour de rôle, dans la pénombre de cette période.

« Ce n'est pas une Race souveraine qui les résume », — me crie-t-on du camp des adversaires insensés de l'Idée qui régit les temps.

» Ce sont des races aristocratiques;

» C'est une oligarchie. »

Mais une oligarchie est le résultat d'une hérédité plus tyrannique qu'aucune autre, et, loin de constater une puissance plus grande des individualités qu'elle résume, elle constate, chez ces dernières une plus lourde servitude.

Pas un romain de Caligula qui ne soit moins esclave qu'un romain de Cincinnatus.

J'ai demandé à l'Histoire cette République que les perturbateurs du monde présentent, à l'imagination des Peuples, comme l'idéal du juste et du vrai.

En fait de républicains, l'Histoire m'a montré Caton recommandant de tuer les vieux esclaves afin d'économiser leur nourriture, et Hamilcar Barca, muselant les jeunes, pour les empêcher de manger la farine sous la meule qu'ils tournaient.

La République est une impuissance momentanée des collectivités humaines dans un sens quelconque de leur mission.

Rome oligarque est, au point de vue de l'intelligence spéculative, complétement dans l'enfance.

Elle tue Archimède; elle incendie la maison de Pindare, épargnée par Alexandre; elle force Annibal à s'empoisonner.

Auguste succède à César, et Virgile chante.

Que l'Empire n'ait pas été, Horace fût demeuré muet.

Mais arrivons à l'heure où l'Idée s'est résumée en Christ. — Je l'ai dit : un nouveau point de départ est assigné aux Nations, et la crise inhérente aux époques critiques bouleverse la Société Impériale.

Les voyez-vous rouler de toutes les cimes ces avalanches d'hommes inconnus, demeurés dans leurs ténèbres, de par la volonté divine, jusqu'à l'heure du bouleversement nécessaire?

Ah! si la force qui fait rentrer dans l'ordre les éléments tordus par l'ouragan, sillonnés par la foudre, submergés par l'onde, est une irréfutable preuve du règne absolu de l'Unité divine, que faudra-t-il penser de la force qui pétrira des sociétés

dans cet ouragan de barbares, dans cette lave
d'hommes effrayants, dans ces fleuves de Peuples
qui s'en vont submergeant une civilisation et qui
débordent, sur les villes épouvantées, malgré leurs
murailles et leurs tours?

Cette force se manifesta; des sociétés surgirent
de ce chaos; et quatorze siècles après, quand on
ouvre le récit de cette succession d'événements
immenses sous les yeux de l'Humanité, il est des
individualités qui, ayant la prétention de la conduire, prodiguent leur culte aux esprits frappeurs
de peur de l'accorder à Dieu!

DISTRIBUTION

DES PRIX

du Lycée de Nice

Pour l'Année Classique mil-huit-cent-treize.

~~~~~~~~~~~~~~~~

Prix de sagesse à partager entre MM. { Regnier de Lorgues et Aubry de Nice.

~~~~~~~~~~

Seconde année d'Humanité.

Professeur Monsieur MAILLET LACOSTE.

Prix d'Excellence. Joseph Vassal de Nice.
Accessit. Dominique Galli de Nice.

Prix de Théme. 1.er prix. Joseph Vassal de Nice.
2.e prix. Dominique Galli de Nice.
1.er *accessit.* Georges Ritt de Toulon.
2.e *accessit.* Charles Mitier d'Entrevaux.

Version. 1.er prix. Joseph Vassal de Nice.
2.e prix. Charles Mitier d'Entrevaux.
1.er *accessit.* Dominique Galli de Nice.
2.e *accessit.* Louis Belmondy de Nice.

Vers. Prix. Georges Ritt de Toulon.
1.er *accessit.* Joseph Vassal de Nice.
2.e *accessit.* Adolphe Blanqui de Nice.

Grec. Prix. Emmanuel Roux de Draguignan.
1.er *accessit.* Marius Ritt de Toulon.
2.e *accessit.* Adolphe Blanqui de Nice.

~~~~~~~~~~

Première année d'Humanité.

Professeur Monsieur ORTOLAN.

Excellence. Prix. Joseph Curault de Grasse.
Accessit. Jacques Ballu de Draguignan
~~~~~~~~~~

Thême.	1.er prix. Joseph Michel de Nice.
	2.e prix. Paul-Scip. Chautard de Toulon.
	1.er *accessit.* Joseph Barrey de Toulon.
	2.e *accessit.* Jac-Pros. Leidier d'Antibes.

Version. 1.er prix. Honoré-André Paulian de Nice.
2.e prix. Joseph Hammel de Gênes.
1.er *accessit.* Charles - Julien Ignon de Vivier, département de l'Ardèche.
2.e *accessit.* Jacq. Ballu de Draguignan.

Vers latins. Prix. André Thaon d'Utelle, Alpes-Maritimes.
1.er *accessit.* Honoré-André Paulian de Nice.
2.e *accessit.* Paul-Scipion Chautard de Toulon.

~~~~~~~~~~

Deuxième année de Grammaire.

Professeur Monsieur NICOT.

Excellence. Prix à partager entre MM. Emile Alliaud de Chambery et Joseph Raimondy de la Turbie, Alpes-Maritimes.
Accessit. Phocion Roux de Draguignan.

Thême. 1.er prix. Emile Alliaud de Chambery.
2.e prix. Pierre - Etienne Capponi de Triora, Alpes-Maritimes.
1.er *accessit.* Félix Thaon de la Bollèna.
2.e *accessit.* Louis Olivary de la Torre.

Version. 1.er prix. Félix Thaon de la Bollèna.
2.e prix. Phocion Roux de Draguignan.
1.er *accessit.* Joseph - Louis Ortolan de Toulon.
2.e *accessit.* Emile Alliaud de Chambery.

~~~~~~~~~~

Première année de Grammaire.

Professeur Monsieur SCUDERY.

Excellence. Prix. Frédéric Flores de Nice.
Accessit. Michel Flores de Nice.

Thême. 1.er prix. André Deporta de Nice.
2.e prix. Antoine Martini de Menton.

(5)

1.er *accessit.* Jean - Baptiste Olivary de la Torre , Alpes-Maritimes.
2.e *accessit.* Célestin Thaon d'Utelle , Alpes-Maritimes.

Version.
1.er prix. André Deporta de Nice.
2.e prix. Hypolite Gauthier de Nice.
1.er *accessit.* Louis Fornary de Menton.
2.e *accessit.* Roch Roustan de Ceyreste, Bouches du Rhône.

Sixième.

Professeur Monsieur B A U D O I N.

Excellence.
Prix.   Alexandre Buret de Nice.
Accessit. Aimé - Leonard Bouvard de Millery , département du Rhône.

Théme.
1.er prix. Jn-Baptiste Sauvaigue de Nice.
2.e prix. Alexandre Buret de Nice.
1.er *accessit.* François Gandolfi de Triora, Alpes-Maritimes.
2.e *accessit.* Aimé-Leonard Bouvard de Millery.

Version.
1.er prix. Alexandre Buret de Nice.
2.e prix. Aimé - Leonard Bouvard de Millery.
1.er *accessit.* Séraphin Basso de Nice.
2.e *accessit.* Joseph-François Raseri de Savigliano, Stura.

Classe Élémentaire.

Professeur Monsieur T R A S T O U R.

Excellence.
Prix.   Amedée Lagrange de Nantes.
Accessit. Navello de Nice.

Théme.
1.er prix. Navello de Nice.
2.e prix. Félix Adenot de Paris.
1.er *accessit.* Ristory.
2.e *accessit.* Auguste Ugo de Nice.

Classe des Commençans.

Professeur Monsieur B E R C H O U T.

1.re Division.

Prix.   Jean-Baptiste Audrieux d'Yéres.
1.er *accessit.* Paul Nicolas de Puimoisson , Basses-Alpes.

2.e Division.

Prix à partager entre
MM. Louis Teulère de Rochefort.
Alphonse Desbordeaux de Gisors, dépt. de l'Eure.

Accessit d'encouragement pour la 3.e Division.
M. Joseph-Ferdinand Falcon de Saint-Tropez, dép.t du Var.

MATHÉMATIQUES.
Profeseur Monsieur GIRAUDI.

Géométrie.   N'ont pas concouru en leur qualité de vétérans, MM. Aubry et Belmondy.
1.er prix. Joseph Clément Curault de Grasse.
2.e prix. Charles Mitier d'Entrevaux.
1.er *accessit.* Georges Ritt de Toulon.
2.e *accessit.* Emmanuel Roux de Draguignan.

Algèbre.   Prix.   Louis Belmondy de Nice.
1.er *accessit.* Joseph - Clément Curault de
Grasse.
2.e *accessit.* Joseph Vassal de Nice.

Arithmétique. Prix.   Pl-Scipion Chautard de Toulon.
1.er *accessit.* Joseph Barrey de Toulon.
2.e *accessit.* André Thaon d'Utelle.

DESSIN.
Professeur Monsieur BARBERI.

1.re *Classe.* Prix.   Etienne Bonafox de Nice.
accessit d'encouragement. Fortuné Florence de Nice.

2.e *Classe.*   Prix.   Alexandre Buret de Nice.
accessit. Basso Faissole de Nice.

3.e *Classe.*   Prix.   Adolphe Blanqui de Nice.
1.er *accessit.* Julien Regnier de Lorgues.
2.e *accessit.* François Gandolfi de Triora.

Certifié véritable.
Nice, le cinq septembre mil-huit-cent-treize.
Le Proviseur du Lycée, Officier de l'Université
et Membre de la Légion d'honneur,
DÉORESTIS.

A NICE, chez A. M. J. CANIS, Imprimeur-Libraire,
pièce et rue Impériale, île n.° 19.

III

Le cataclysme bouleverse l'Empire romain condamné.

Toutes les Races souveraines dont la mission est finie sont emportées.

Sur les bords du fleuve fécond dont la rive droite n'arrête plus les barbares, quel est cet homme chevelu que d'autres hommes chevelus portent sur un pavois ?

Il en est qui refusent aujourd'hui de croire à son existence ;

Il en est qui lui disputent jusqu'à son nom.

Qu'importe ! je le vois, moi.

Comme lui a vu, dans le Passé, Francus, fils

d'Hector, lui montrer la rive gauche du grand fleuve ; comme il l'a entendu lui dire :

« Au-delà du Rhin se trouve la terre qui sera plus grande que ne l'a été la terre de Grèce, que ne l'a été la terre de Rome. »

Car l'Unité a pris un jour le fils du héros traîné mort par l'impétueux Achille autour des remparts de Troie ; elle en a dispersé les rejetons dans l'inconnu ; et voilà que l'un d'eux, promené sur le pavois des Francs-Saliens, regarde vers Lutèce et préconçoit Paris. —

Elle est bénie la femme aux fécondités magnifiques dont un homme fort a résolu de faire sa compagne.

Elle est bénie ; et l'homme fort, qui l'aime pour sa beauté, la vénère dans le nom qu'elle lui sacrifie.

Mais si jamais, un des fils de cet homme et d'elle, veut s'armer du nom qu'elle portait vierge pour insulter au nom qu'elle a porté femme, elle désavoue le fils de ses entrailles parce qu'à ses yeux il ne mérite plus d'être son fils.

Bénie tu es, ô Gaule ! ô mère sublime ! ô sœur de Brennus ! ô vierge couronnée du gui sacré !

Le Franc t'a vue, le Franc mon père, et il t'aime, et il t'épouse, et, de sa framée, il décrit autour de toi un cercle de gloire dans lequel il te dresse un trône dépassant en grandeur tous les trônes.

Et il te vénère dans le nom que tu as porté jusques à Delphes, après avoir fait trembler les échos capitolins.

Mais ce nom, tu le lui as sacrifié : tu es la France ! Et ceux-là ne sont pas les fils aimés de tes entrailles qui, te conviant à l'adultère du souvenir, veulent que tu trahisses ton époux, veulent que, patrie oublieuse, tu redeviennes la Gaule, quand ton honneur t'impose de demeurer la France.

Ils ne sont pas tes fils ceux qui aspirent à te faire oublier le premier baiser nuptial de mon père, et qui, dans leur désir d'en finir avec la famille de tous, veulent commencer par amener la Patrie à renier la sienne ! —

Il passe le Rhin, — ce fleuve à lui, qui est par conséquent à nous, — le Pharamond aux cheveux roux, au ventre ceint de cuir.

Il passe le Rhin, et la Gaule est France.

La mission de cet homme, dans lequel vivent les Francs-Saliens, est de faire la Nation dont le Chef, désormais, tiendra devant les Nations le flambeau civilisateur, que ses successeurs porteront ainsi que lui.

Cette mission, il la remplit ; ses successeurs la remplissent à leur tour. — La France est résumée dans sa Race, et sa Race prend le nom du petit-fils de Pharamond, lorsque, par la voix de Mérovée Dieu crie à Attila :

« Arrête ! L'heure de l'Unité par la France a sonné à l'horloge des Temps ! »

L'Unité par la France !

N'est-ce pas là, en effet, dès-lors, le résumé des aspirations du monde, et l'action des hommes ne se trouve-t-elle pas d'accord sur ce point avec l'impulsion divine ?

Mérovée a frappé au nom de Dieu.

Clovis le Mérowingien, Clovis le fils de Basine, qui est venue prosterner la Germanie devant la mission de Childéric, Clovis règne au nom de Dieu.

C'est depuis Clovis que la France est la fille aînée de l'Idée qui a présidé à l'enfantement du monde nouveau, et ce titre glorieux, malheur à qui le lui arracherait.

Je ne suis pas l'Histoire; j'en suis la Philosophie.

Je ne veux pas dire combien de fois le hang mérowingien a été lancé du Sud au Nord et de l'Orient à l'Occident pour constituer la France; mais je vois la France faite après Clovis, et j'attribue la solidité de sa constitution à la continuité prolongée de la mission de ce dernier chez les enfants de Clotilde.

Leur Race est une Race glorieuse. Si le rêve de Childéric s'est réalisé; si les léopards ont succédé aux lions, les licornes aux léopards et les loups aux licornes, il n'en faut pas moins reconnaître que les licornes et les loups demeurèrent des Francs, et que, si les Rois fainéants retombaient accablés sur leurs coussins de soie, au récit des victoires de Martel, ils versaient de glorieuses larmes en les apprenant.

Des fenêtres de Saint-Bertin, Childéric III regardait le royaume de Pépin, et priait : —

La première Race qui avait eu la Légende, qui avait eu la force, qui avait eu l'amour, ayant accompli sa mission, priait en lui pour celle qui allait remplir une mission non moins glorieuse, pour la Patrie, créée par ses pères les Mérowingiens.

IV

France, tu es sortie prédestinée de la couche
de Clovis et de Clotilde !

Te voilà, par eux, la Nation type de la civilisation chrétienne.

L'heure est venue de faire, à ta ressemblance,
les Nations appelées à jouir de cette civilisation.

Depuis de longues années, la majorité de ceux
des tiens qui peuvent penser pour toi sent que tes
aspirations ne sont plus résumées par la Race Mé-
rowingienne, et s'aperçoivent que la Providence a
fait surgir une autre Race dans laquelle ton âme a
passé tout entière.

Cette Race, comme toutes les Races, a ses plus

profondes racines dans les entrailles Peuple. — Une des misérables ignorances répandues par l'hypocrisie de l'insurrection moderne est d'avoir prétendu que la possibilité, pour le génie, de s'élancer des derniers rangs du Peuple au sommet, est une conquête d'hier.

A tous les âges du monde la cime du lendemain a germé dans la base de la veille.

Pharamond était Chef élu.

Charlemagne a pour aïeul Pépin de Landen, et les ouvriers orfèvres, affranchis par Éloi, ont fait, dans les rues de Metz, l'aumône à ses arrières-oncles : Arnulf, Chrodulf et Drogon.

La Souveraineté de droit divin, telle qu'on accuse certains penseurs de la préconiser, est une des fantaisies calomnieuses qui prouvent l'ignorance des révolutionnaires, à moins que, contrairement aux principes dont ceux-ci font montre, ils ne blâment les penseurs de considérer, comme une consécration divine, la continuité de la sève démocratique, montée du Peuple vers la puissance, dans une Race qui ne peut être, et n'est toujours, que la personnification du Peuple.

Quand, avec Pépin d'Héristal, la France teutonique achève d'écraser les derniers vestiges de l'oppression romaine, est-ce que Pépin d'Héristal est autre chose que la France elle-même ?

Une Race, s'emparant d'une Nation malgré elle, c'est l'absurde, et l'absurde est la garantie qu'aucune légitimité n'a été imposée et ne pourrait l'être, à l'expiration de sa mission, lorsque tous les guerriers du monde, étrangers à la Nation dont elle voudrait continuer de résumer les destinées, seraient debout pour lui conserver ce droit.

La France était bien avec d'Héristal.

Elle était bien avec Martel, quand l'herculéen guerrier, frappant les Sarrasins de sa masse de fer, constata que l'Europe voulait adorer Christ et non encenser Mahomet.

Elle était bien avec Pépin-le-Bref, allant, par le don d'un royaume, sanctionner ce vœu et revendiquer à jamais, pour notre Patrie, le droit de se tenir armée à la droite du Sauveur.

Quand Charlemagne régna, il y avait cent ans que la France était Carlowingienne. —

Ne sont-ils pas aveugles, France ! ceux qui ne te voient pas tout entière dans le géant à barbe blanche dont la large main tient le globe et le pétrit à sa guise ?

T'es-tu repentie un seul instant de cette identification ? — Que serais-tu sans elle, dans l'obscurité du Moyen-Age ?

Qui impose tes lois au reste des Nations ?

Qui te met aux mains le Commerce renaissant du monde ?

Qui pleure quand tu pleures, à l'intuitive pensée de tristesse dont ton esprit est traversé en voyant les barques normandes qui portent l'Angleterre dans leurs flancs ?

Qui te sacre Reine ?

Charlemagne !

Mais qui a fait Charlemagne ?

L'hérédité providentielle, la continuité de ta confiance dans les fils glorieux de pères glorieux,

Ton identification volontaire avec la deuxième Race de France.

De par cette identification, la mission de cette Race est accomplie à ton profit :

L'Europe se crée à ton image.

Oh ! sois tranquille, France, sa mission remplie, si la Race te pèse, nulle pression ne te l'imposera.

Il y a déjà dans tes veines un sang prédestiné.

Quand ce sang devra bouillir dans celles d'un homme nouveau, le cheval qui portera le fils de Lothaire fera un faux pas, et Louis V tombera mort en murmurant ton nom.

Mais de Charlemagne à Lothaire, la continuité du pouvoir sera relativement bonne; car si les hommes qui héritent du colosse d'Aix-la-Chapelle

sont indignes de lui, ils ont sa mémoire qui les
maintient clef de voûte, et, malgré les guerres, les
crimes, les complications, inhérentes à la crois-
sance morale de l'Humanité, l'Europe, qui, sous
eux, s'est créée à l'image de la France, se féoda-
lise comme la France et se prépare à subir l'action
bientôt prépondérante des Capétiens encore dans
le néant.

Ainsi, Charles-le-Simple, cet infortuné, ne pouvant donner à la France une force qu'il n'a pas,
lui donne sa fille.

Rollon, courbant le front d'Odin devant Giselle,
inaugure la longue série d'humiliations éloquentes
que devront subir les Anglo-Saxons devant la
France de Charlemagne, jusqu'à ce que cette
France les ait contraints à cesser d'être l'incarna-
tion du mauvais génie de l'Humanité.

V

Pour confesser l'incontestable action de l'Unité providentielle sur les destinées des Nations, France, il me suffit d'étudier ton histoire !

Pour reconnaître la participation certaine de l'individualisme à ton œuvre collective, France, je n'ai qu'à suivre pas à pas ton Peuple, de son enfance à sa majorité !

Pour déclarer que cette double impulsion divine est intimement, successivement et irrévocablement dépendante du symbole actif et vivant que je nomme Race souveraine, France, je n'ai qu'à t'interroger !

VI

Quand j'étais enfant, tout enfant, je tressaillais
au bruit des tambours, quand un régiment passait,
et je suivais ces tambours, entraînant ma grand'-
mère par les rues.

J'admirais le drapeau, entouré des soldats dont
il semblait l'âme, et je sentais que ce régiment
était la force, parce qu'il était l'Unité.

J'aimais les longues processions blanches
émaillées de bannières d'argent ou d'azur, parce
que, derrière les files parfumées des vierges et des
enfants de chœur, je voyais, dans le soleil d'or,
une hostie devant laquelle tous s'inclinaient ; et je

sentais que ces processions laissaient le bonheur derrière elles, parce qu'elles étaient l'Unité.

A mesure que j'allais grandissant, je comprenais l'ordre partout où il se révélait à moi ; et, partout où il existait, je constatais qu'il prodiguait autour de lui la force et le bonheur.

Mais, quoique je ne fusse pas même encore un jeune homme, et bien que j'ignorasse encore les harmonies de l'Histoire, je me disais que la Société au sein de laquelle je vivais n'était pas l'ordre ; car j'entendais parler de Beyrouth, et nulle cohorte française ne passait, se rendant en Asie ; car j'entendais parler de Buzançais, et un soir, bien tard, au bruit d'une lourde charrette, quelqu'un m'avait affirmé que cette charrette y transportait l'échafaud pour tuer ceux qui avaient demandé du pain.

Voilà pourquoi, à seize ans, je comprenais, malgré mon ignorance des causes, que ce qui était n'était pas bien.

Trois ans plus tard, quand des hommes crièrent à mes oreilles : « Nous allons faire le bien ! » — je suivis ces hommes.

J'étais déjà prisonnier que je n'avais pas encore eu le temps de me rendre compte de leur folie et de la mauvaise foi de ceux qui les avaient soulevés.

Prisonnier, j'appris.

Et à chaque feuillet dont la pensée montait à mon esprit, je me disais qu'il était logique que je fusse dans les fers, car j'avais marché, dans l'ignorance des causes, contre l'effet providentiel.

J'avais marché dans une voie où la France aurait trouvé la mort, et la France ne peut pas cesser d'être avant d'avoir accompli sa mission.

C'est alors que, remontant, avec l'amour de son nom, les siècles de son Histoire, je la vis s'avancer une, du premier de ces siècles au nôtre, et ne se tordre dans la douleur qu'aux époques où elle cessait de se sentir identifiée dans une Race digne d'elle.

Ce que j'avais instinctivement compris de sa souffrance, quand j'avais seize ans, provenait de l'impossibilité où elle était de s'identifier, à cette époque, avec l'homme qui régnait de par deux cent vingt et un hommes, tandis que trente millions d'autres hommes protestaient tout bas.

O longues études de ma captivité, soyez bénies !

Petite cellule sombre, dans laquelle tout le Passé de ma Patrie a revécu sous mes yeux, sois douce à mes souvenirs : — tu n'as pas été pour moi une tombe, mais un berceau !

C'est dans ton silence que j'ai entendu les écroulements formuler une éloquente leçon, et que j'ai appris, des lèvres mêmes de Charlemagne, comment surgit de leurs décombres le monument de l'Avenir et l'âme de ce monument.

Ceux dont les pères du grand Empereur avaient été les Maires du palais avaient créé la France.

Lui avait pétri l'Occident à l'image de la France.

Il restait à faire le Peuple de France, c'est-à-dire à étendre, à tous les hommes nés sur notre sol, le droit d'être forts par la pensée comme par le bras. Il restait à leur conquérir la possibilité de jouir de tous les avantages matériels réservés d'abord hiérarchiquement aux Chefs divers, et cela dans une proportion égale pour tous, sans autre règle que la Justice.

Il restait, non pas à rendre libre chacun des Francs : — chacun d'eux n'a jamais cessé de l'être, — mais à faire qu'il fût digne de la Liberté par l'ascension à l'Égalité.

Puis, quand chacun des Francs y serait parvenu, il s'agirait, pour une autre Race souveraine, de montrer ce but au reste des hommes, et la France majeure ferait alors l'Humanité majeure.

Les Capétiens allaient conduire les Francs à l'Égalité.

Leur mission était sublime :

Mérovée avait été la force;

Charlemagne la pensée dans la force;

Les premiers, ils allaient être la force au service de la pensée,

Et ils allaient être cela pour et par la France.

Ainsi elle ne les a pas subis, elle les a faits !

Quand elle a entendu la hache tomber sur le
cou de Louis XVI, elle s'est tordue de désespoir;
et saisissant, indignée, sur son banc de la Convention, le prince à qui doit remonter tout d'abord
la responsabilité du crime, elle l'a dépouillé de
son droit héréditaire, en attendant que la Providence fît le reste.

VII

Jusqu'à ce que l'enfant pense, le cerveau ne joue chez lui qu'un rôle secondaire.

A mesure qu'il s'élève à la pensée, le cerveau se développe dans son crâne.

Les Mérowingiens ont couru du Nord au Sud de la France mineure.

Les Carlowingiens ont mis le pied partout en Europe, et partout la pointe de leur gigantesque épée.

Les Capétiens habiteront de préférence une ville, et cette ville sera le cerveau enfin développé de la Patrie qui commence à sortir de l'enfance.

Ils seront de Paris dès leur origine, alors

qu'Adalbéron déclarera que l'hérédité cesse d'être le droit, pour ceux qui, — « n'ayant plus la sagesse d'esprit, ont abdiqué la noblesse de sang. »

Hugues est Roi de fait et par ses œuvres.

C'est de par ses œuvres qu'on est Roi de France.

Lorsqu'il monte au trône, quelle est la situation des choses ?

Autour de lui des têtes, se courbant devant la sienne, mais courbant les autres devant elles.

Ces têtes sont égales devant le Roi, parce que toutes sont dignes de cette Égalité.

Il va falloir que toutes celles qui sont courbées devant la leur se relèvent, par la dignité, au niveau des premières.

C'est là l'œuvre.

Et parce que cette œuvre est encore à accomplir alors, que les descendants de ceux qu'elle va rapprocher de la puissance par la dignité ne maudissent pas et ne cherchent pas à flétrir la magnifique Égalité féodale hiérarchisée, qui a été le premier pas de la Patrie hors des ténèbres.

Les descendants d'un vieillard illustre maudiront-ils et flétriront-ils l'aïeul parce qu'il a seul jadis personnifié leur famille devant son siècle.

Ils s'agenouilleront et lui diront : — « Merci. »

Merci donc à la Féodalité française d'avoir personnifié le Pays de Charlemagne et de Mérovée, et de s'être bravement partagé leur tâche en ciselant avec amour chacune des parties de leur grande œuvre.

Merci à ceux qui ont été l'Aquitaine, la Bourgogne, la Bretagne, l'Orléanais, et ont fait qu'après l'analyse sociale à laquelle ils ont présidé, ces provinces ont eu chacune des écrins superbes à déposer dans le trésor de la France.

Mais il faut que la Race souveraine, vers laquelle toutes les infériorités vont aspirer, soit glorifiée au-dessus de tous, et que nul ne vienne, par l'ingratitude, la punir d'avoir accepté la mission de conserver l'Unité française.

De Hugues à Philippe-Auguste, elle est moins une chose qu'un nom, cette Unité; mais la chose est dans le nom, et c'est de par le nom que la Féodalité s'élance vers le tombeau du Christ, pour se battre, elle, chargée par les deux grandes synthèses : — l'Idée Catholique et l'Idée Monarchique, — d'aller demander à l'Orient la lumière, et d'en rapporter la nourriture nécessaire à l'Égalité croissante.

Qu'elle soit glorifiée au-dessus de tous, cette troisième Race, pour avoir, à ce point, identifié en elle la France, avec ses instincts et la conscience de sa mission, que, pas une heure, elle n'a cessé de tenir l'épée au cœur de la barbarie qui la menaçait du Nord, et au cœur de la tyrannie qui la menaçait du Sud.

Cette Égalité qu'elle conquiert, ils la haïssent, les Anglo-Normands, qui ont forgé dans leur île, pour tout leur Peuple et pour tous les Peuples, le carcan étroit de la Grande Charte.

Cette Égalité qu'elle conquiert, ils la haïssent, ces hommes du Sud, qui n'ont compris l'Idée catholique qu'à l'étroit point de vue de l'oppression, quand elle est, au contraire, l'instrument le plus naturel des conquêtes morales et le précurseur indispensable des affranchissements matériels.

Aussi, la troisième Race déteste l'Angleterre et condamne l'Italie. Par elle, l'Humanité ne sera ni sauvage, ni esclave : Charles VII chassera la Barbarie; saint Louis ramènera, en 1234, la juridiction romaine aux sphères purement spirituelles.

Je ne suis pas l'Histoire, j'en suis la Philosophie, ai-je dit déjà.

Que le consciencieux et le clairvoyant, — l'un n'est souvent pas l'autre,— prennent l'Histoire et la lisent avec l'amour de la France au cœur, elle leur dira ce qu'elle m'a dit, et elle les conduira, de saint Louis à Richelieu, de dynasties en dynasties, en leur fournissant d'irrécusables preuves de la mission égalitaire de la troisième Race.

Elle leur dira comment cette Race n'a cessé

d'être à la fois l'Épée, le Ciseau, la Nef, la Justice, la Foi, l'Amour et l'Enthousiasme de la France, jusqu'au jour où Dieu voulut qu'elle sanctionnât sa conquête de sa mort, afin de laisser l'Avenir à la quatrième Race qui sera la Race Carlowingienne de l'Égalité.

Elle leur montrera François Ier, perdant tout *fors l'honneur,* ce qui est parler comme l'Épée de la France;

Henri II, découvrant la poitrine de la beauté devant Jean Goujon pour que l'Art ait un modèle digne, ce qui est agir selon le Ciseau de la France.

Louis XI, consacrant sa vie, immolant sa réputation à augmenter l'influence des obscurs et à leur donner la science des puissants, ce qui était lancer la Nef de la France.

Louis XII, passant ses jours à faire droit à tous, ce qui est le génie de la Justice de la France;

Jean-le-Bon, commandant le respect au Prince-Noir et régnant à Londres comme à Paris, ainsi que plus tard le fera à Madrid l'élève de Bayard, ce qui ne pourrait se faire sans être la Foi de la France.

Henri IV, immolant sa passion à la Royauté, Charles IX cherchant la fidélité chez la fille du Peuple, tous élevant le rôle de la femme dans la Société sans lui laisser le poids du sceptre, ce qui est comprendre l'Amour comme la France.

L'Histoire leur montrera les cuirasses de ces Rois, et ils les verront bossuées par les masses d'armes anglaises, percées par des lames italiennes, mais bossuées et percées toujours de face, et semblant crier : — Montjoie et Saint-Denis ! — par chacune de leurs ouvertures, ce qui a traduit pendant cinq siècles l'Enthousiasme de la France.

Voilà ce que le consciencieux et le clairvoyant apprendront de l'Histoire, et ils diront :

« Maudits soient ceux qui, en récompense de ces honneurs, de ces enthousiasmes, de ces amours, de ces sacrifices tout français, passent leur temps et consacrent leur plume à souiller de fange les visages des Rois qui ont si noblement représenté la France !

» Maudits soient ceux qui trouvent une indigne joie à immoler une à une toutes les noblesses de notre Histoire à l'orgueil des Nations rivales, et qui, sous prétexte d'instruire le Peuple, le plongent dans l'ignorance de toutes les vérités et dans le mépris de toutes les grandeurs !

» Maudits soient ceux qui, secondant les vues odieuses de la barbarie du Nord et de la tyrannie du Sud, passent leur temps à déraciner, dans le cœur des masses, le culte des Dynasties souveraines qui ont assuré, par la vie comme par la mort de leurs fils, le règne de l'Égalité en France. »

VIII

Les Bourbons règnent,

Je n'ai pas voulu, tirant de nos luttes religieuses toutes les leçons que j'essaierai ailleurs de tirer de nos révolutions politiques, dire comment Henri IV, en devenant catholique, comprit la mission de la France et la mission de sa Race.

Coligny triomphant, la France était anglaise.

Le Béarnais malin n'était pas homme à laisser mettre au col de l'Égalité franque la chaîne de la Liberté anglaise.

Nul plus que moi ne respecte les victimes de la grande erreur occidentale qui, au nom de la Vérité et du Progrès, a jeté les Peuples dans la main

des Henri VIII; mais ma conscience m'oblige à déclarer que le Protestantisme est un immense recul,
et que, si la France avait pu subir la croyance du
roi de Navarre au lieu de lui imposer la sienne, il
n'y aurait plus aujourd'hui de France.

Elle ne le pouvait pas.

Henri IV a été frappé par le fer.

Est-ce pour lui, Henri, que ce roi meurt?

Non, c'est la France que la tyrannie méridionale
tient à poignarder sur la borne de la rue de la Fer-
ronnerie,

Parce que déjà il n'y a plus personne en France
entre le Roi et le Peuple qui ne soit moins fort que
le Peuple et que le Roi.

Je ne mettrai aucun nom sur le stylet de Ra-
vaillac.

Mais j'y lirai cette pensée :

Haine de la Royauté qui a fait le Peuple.

Haine insensée, qui croit qu'en tuant un homme
on arrête la Providence !

L'homme a un fils; et comme pour braver la
pensée qui a tué le père, ce fils — qui est le Roi
absolu; ce fils qui, à quatorze ans, a froidement
fait accueillir de pistolades Concini, l'ennemi de la
France osant gouverner la France; ce fils, qui a,
dans le regard, assez d'impassibilité pour témoi-
gner de sa valeur personnelle, — ce fils consent

à demeurer, tout son règne, caché derrière un
homme rouge, qui le garde de l'Angleterre avec
les couleurs du bourreau, et qui, chassant Buc-
kingham du Louvre, ainsi que les indignes Français d'alors, y fait entrer Colbert à la suite de
Mazarin.

Je ne sache pas de plus grande preuve de la soumission d'une Race souveraine à sa tâche sacrée,
que la sublime abnégation de ce Roi sombre qui
laissa faire son Ministre et répondit invariablement
à tous ceux qui lui disaient : — « Gouverne ! » —

« M. le Cardinal sert la France ! »

Quant au Ministre...

Pourquoi dire qu'il a été grand ?

Pourquoi le montrer se survivant à lui-même
dans une autre simare qui, pouvant donner une
Reine mazarine à la France, lui donne une Reine
espagnole pour qu'il n'y ait plus de Pyrénées ?

Le consciencieux et le clairvoyant salueront
dans cette continuité de Rois et de Ministres-Rois
leur abnégation pour la France, et, en la signa-
lant, ils vengeront leur mémoire des historiens
calomniateurs.

Sont-ce donc alors des Tyrans, ces Rois qui
disent à leur Ministre : — « Sois le maître ! »

Sont-ce donc alors des esclaves de la tyrannie,
ces Ministres qui disent au Roi : — « Sire, je vous

interdis, au nom de la France, de laisser mon sang
aspirer à l'honneur de se mêler au vôtre ! »

Tyrannie et esclavage, ne sont qu'une hypocrite
fantasmagorie inventée par des écrivains qui, Français cependant, ne rêvent que la subordination de
la France à l'Oligarchie anglaise.

Mais l'œuvre de la troisième Race est terminée.

Louis XIV a dit : — « L'État, c'est moi ! »

Plus rien de fort entre le Roi et le Peuple:
l'Égalité est faite devant le trône; il ne reste plus
qu'à la hiérarchiser pour la répandre ensuite sur
l'Europe comme une onde civilisatrice.

Ah ! qu'ils lisent donc, le consciencieux et le
clairvoyant; qu'ils lisent surtout les feuilles de
l'Histoire où le grand règne est écrit; qu'ils lisent,
pour que d'obscurs envieux, spéculant sur la calomnie envers la France, ne puissent pas faire impunément de l'homme, qui l'a personnifiée comme
Clovis et comme Charlemagne, un informe glouton,
sans savoir aucun, sans dignité aucune, livrant sa
Patrie à des femmes et aux valets de ces femmes;
se plaisant enfin dans l'égorgement de ses sujets
et dans l'incendie des Nations; qu'ils les lisent, pour
que nos ennemis n'aient point l'orgueilleux bonheur de voir des plumes françaises consommer
l'immolation de cette gloire française aux descendants de M. de Malboroug.

IX

« A qui nous adresserons-nous désormais, Sire? »
— demandent les Ministres à Louis XIV, après la
mort de Mazarin.

« A moi ! »

Ce seul mot suffit pour répondre aux calomnies
dont le grand règne est devenu l'objet.

Le grand règne lui-même se chargera d'en justifier la première parole.

Et tout d'abord il frappera Fouquet.

Fouquet, la personnification de ceux qui croient
que la richesse est une puissance contre l'Idée, de
ceux qui, s'isolant de l'œuvre collective, cher-

chent à exploiter cette œuvre au profit de leur
individualité.

Les nymphes de Vaux pleurent, Lafontaine
s'attriste, Pélisson cesse un instant d'émarger;
mais la Race souveraine, agissant au nom de la
Nation, pose en principe qu'un homme ne peut
détourner à son profit une partie notable de l'actif
social sans être justiciable du pouvoir et sans
donner le droit à la Souveraineté de s'inquiéter de
son rôle envahissant.

Puis le Roi gouverne avec Colbert, — « l'homme
de marbre », — disposé cependant à tout donner,
lui, et à marcher à pied dans la boue pour que
l'honneur du Roi, qui est l'honneur de la France,
soit sauf toujours;

Avec Louvois, » — le plus grand et le plus brutal
des commis », — soit, mais le véritable créateur
de l'Armée française égalitaire; avec Louvois, qui
donne sa vie au Roi, parce que le Roi, c'est la
France;

Avec Séguier, — « l'austère législateur de l'Égalité; »

Avec de Lyonne, — « le génie supérieur de la
diplomatie. »

Et ces quatre hommes reconnaissent un maître
dans le Roi, ces quatre hommes, autour desquels
vont se grouper cent autres qui marqueront dans

l'Histoire de l'Humanité, comme la voie lactée
marque dans le ciel.

Tous auront-ils donc tort, quand ils diront : —
« *Ludovicus magnus !* »

Tous auront-ils donc tort, de par quelques envieux, consacrant les loisirs d'une hystérique sé-
nilité à prouver que Bossuet n'était qu'un vil flat-
teur, Molière un esclave à la chaîne, Turenne et
Condé des traîtres ?

O Peuple qu'on abuse ! Vois comme le consciencieux, et tu comprendras comme clairvoyant :
— tu as l'âge de voir et de comprendre !

De Mérovée à Louis XIV, même en passant par
Charlemagne, le rôle de la Patrie est resté indéterminé dans ses détails.

Avec Louis XIV, il se précisera en tout.

Ce prétendu glouton, adoré de tant de femmes
ennemies de ce qui n'eût pas été l'élégance, embrasse d'un coup-d'œil la mission, désormais complétement déterminée, de la France ; et il se rend de
suite compte de l'ennemi qu'il devra terrasser pour
vaincre, ou sous lequel il lui faudra succomber, si
le génie du mal peut être supérieur à Dieu.

Pour faire face à cet ennemi, il faut que l'Occident comprenne que la France a le devoir et le
droit de marcher à la tête de toutes les Nations
qui le composent.

Tant que la France et toutes les fois que la France n'exercera pas une influence prépondérante sur l'Occident, ce sera l'esprit de l'Oligarchie anglaise qui l'exercera.

Depuis Jeanne d'Arc, l'alternative est clairement établie : — à l'un des deux esprits le Monde.

Et il est cependant des français pour qui la bergère sublime est une folle, ses bourreaux des exemples vivants, des symboles de la Liberté.

Dans l'intérêt même de l'Occident, il faut donc que la France lui impose son influence.

Clovis la lui a imposée en son nom ;

Charlemagne la lui a imposée en son nom,

Louis XIV la lui imposera en son nom.

Et ce ne sera plus seulement la force au service de l'esprit anglais qu'il combattra, ce sera la pensée même que cet esprit propage.

Jamais un de nos Rois n'a eu de haine injuste et inutile.

La haine de Louis XIV contre la Hollande, c'est la haine de la France contre les vainqueurs d'Azincourt, du Progrès contre le recul.

Écartez de la main le prince d'Orange, il y a derrière lui des soldats anglais. — Et l'Angleterre attend !

Louis XIV prévoit que c'est de la Hollande que s'élancera dans les bras de l'Angleterre la dynastie qui soldera en guinées les écarts terribles de la Révolution française.

De Cadix à la Haye, de Dieppe à Vienne, si la France domine, le reste du Monde, avec ses richesses, est à l'Occident européen, et l'Occident est au reste du Monde avec son génie.

La cohésion de la Latinité est sur le point d'exercer sa force dans l'action souveraine du soleil de Versailles.

Et le comte de Fuentès, parlant au nom de l'Espagne, déclare à Fontainebleau que la France doit marcher à la tête de l'Occident;

Alexandre VII l'écrit à Rome sur une pyramide, et envoie un cardinal — CHIGI — s'incliner devant Créqui;

Schomberg l'affirme à Villaviciosa, en raffermissant sur le trône de Portugal cette maison de Bragance, dont l'Angleterre pourra bien exiger parfois de la déférence, mais qui, par dessus l'Espagne, regardera toujours vers Paris et vers Rome, pour entendre le mot d'ordre lui indiquant l'heure de se soustraire au joug anglo-saxon;

Les flammes du Palatinat sont nécessaires pour l'affirmer aussi : le Palatinat brûle. Mais cherchez la torche, vous ne la trouverez ni aux mains de Louvois ni aux mains de son maître.

Vous la trouverez aux mains de — « ceux qui

prennent Charles II comme dans une place assié-
gée qui ne peut plus se défendre. »

Heureusement qu'avant d'en être réduit là,
Charles II, l'identification du Peuple anglais, condamné avec les Stuarts à succomber devant l'oligarchie victorieuse, nous a cédé Dunkerque et
son carillon.

Pendant ce règne glorieux, Turenne et Condé
ont rivalisé de gloire.

Duquesne est en train de prendre à Messine
possession du lac français.

— A qui serait la Méditerranée, si elle n'était
pas à la France ? —

L'Oligarchie anglaise, qui n'est pas encore identifiée, dans son élu de Hollande, rugit et menace ;
mais l'Occident est à Louis XIV.

Nimègue en témoigne.

Nimègue est le point culminant de la troisième
Race.

Après Nimègue, la mission de la troisième Race
est accomplie ; la France est la France, avec la
Pensée réglant la Force et l'Égalité pondérant le
Pouvoir.

Est-ce que, malgré Nimègue, Louis XIV ne serait pas l'identification de la Patrie ?

Est-ce que les serviles calomniateurs auraient
raison ?

Retirons par la pensée Louis XIV de la France, et voyons.

L'esprit s'indigne à cette idée contre les insensés qui la nourrissent.

Le Commerce français n'est-il pas tout entier dans ce Roi, avec son génie, sa prescience de l'Avenir, ses intérêts transatlantiques et transméditerranéens?

L'Industrie française n'est-elle pas tout entière dans ce Roi, avec ses merveilles et ses utilités? Dans les rues d'Elbeuf, d'Abbeville, de Louviers, de Sédan, dans les cours des Gobelins, le ministre sorti de la boutique du *Long-Vêtu* n'a-t-il pas répandu la vie industrielle qu'auraient voulu y tuer ceux dont nos adversaires sont les admirateurs?

L'Armée française n'a-t-elle pas vu ce Roi franchir le Rhin?

La Noblesse française n'a-t-elle pas vu ce Roi dominer les batailles?

Le Clergé français n'a-t-il pas vu ce Roi défendre ses droits?

Le Peuple français ne le verra-t-il pas demain envoyer à la monnaie ses vaisselles d'argent et d'or, après l'avoir vu hier multiplier les travaux pour que le Pays transformé comprit enfin la nécessité d'appeler le plus grand nombre à la participation du bien-être.

Et l'Art français ?

Et la Littérature française ?

Et la Science française ?

Lebrun, sous l'inspiration de ce Roi, a ressuscité sur la toile les enchevêtrements meurtriers du Granique.

Racine a écrit Phèdre et révélé Athalie.

Descartes a dit ! « Je pense, donc je suis. » —

Pascal a dit : — « Je suis par Dieu, et je sais par lui. »

Ah ! si quelque raison existe pour expliquer la haine des calomniateurs de Louis XIV, il faut la chercher justement dans cet esprit uniquement français au coin duquel tout est marqué par lui.

Ce qu'ils haïssent, ce n'est pas lui, c'est sa devise :

— La France avant tout !

Mais nous, Peuple, qui l'avons relevée cette devise, dans la poussière où l'ont laissée les prétendus sages modernes, tout imprégnés du sentiment d'adoration de la Grande Charte ; quand nous voyons en imagination passer Louis XIV, précédant la maison de France, nous saluons, car nous ne pouvons moins faire que de reconnaître en lui notre orgueil.

Peuple, nous savons qu'il a commis des fautes ; mais des fautes françaises, ne cherchant pas à s'en justifier en les érigeant en principes.

Il a eu La Vallière; mais quand La Vallière, éperdue d'amour, lance son carrosse par les blés pour arriver à Louis avant Marie-Thérèse, le Roi l'accueille en lui disant :

« — Eh quoi ! Madame avant la Reine ? »

Pendant ce temps, M. de Rohan, un des héros des franco-anglais, est sur le point de sacrifier la France à une satisfaction d'amour-propre individuel, et l'Angleterre propage le schisme qui a divisé le Monde catholique, pour donner à Luther le moyen d'épouser une religieuse apostate, et à Henri VIII le droit de trancher la tête de ses femmes légitimes.

Louis XIV a eu Montespan et Maintenon; mais avant Montespan et Maintenon marchait, pour lui, tout ce qui était le Pays et le devoir.

Les franco-anglais feignent de croire aveuglément Voltaire.

Qu'ils interrogent Voltaire sur le grand Roi !

Louis XIV a révoqué l'édit de Nantes !

Avant de s'en prendre au Catholicisme et à la troisième Race de France de tout le sang versé sur la terre française pour cause religieuse, ne serait-il pas juste, moral et bon de s'en prendre à ceux qui ont, sous prétexte de libre examen, divisé l'Europe et l'ont livrée, affaiblie, à tous les maux, quand peut-être l'Unité était à la veille de se faire dans le Monde avec toutes les Libertés et toutes les Égalités légitimes qui seront la conséquence de l'Unité atteinte ?

Pourquoi ces vociférations contre les Valois ?

Pourquoi ces cris contre Louis XIV ?

Pourquoi ce silence sur les vices, sur les ambitions mesquines, sur les envies pernicieuses, sur les adulations perfides de Luther ?

Pourquoi ce silence sur les crimes, sur les incestes, sur les atrocités de Henri VIII ?

Or, à qui reprocher la Saint-Barthélemy, sinon à Luther; et qui doit porter le poids du sang des Cévennes, sinon Henry VIII ?

Respect aux hommes convaincus voyant dans le schisme la vérité.

Mais quant à ceux qui ont fait le schisme, quant à ceux qui le flattent ou s'en servent pour en inaugurer un plus funeste, qu'ils soient condamnés et flétris par l'historien sincère.

L'Histoire devine déjà qu'après de nouveau sang versé, ces derniers iront revêtir à Londres l'habit de colonel de Jean Cavalier.

De Jean Cavalier, cette nature jalouse et égoïste, résumant bien en elle les instincts des prétendus indépendants; de Jean Cavalier qui, de même que tous les souleveurs d'insurrections anti-françaises, trouva le moyen d'aller plier le genou devant la

Papesse d'Angleterre et de menacer ensuite la poitrine de nos soldats avec une épée anglaise, le jour où Rolland expiait sur la roue le tort respectable de s'être laissé induire en tentation.

— De quelle affliction l'esprit n'est-il pas frappé, quand il se voit obligé de défendre, contre la mémoire de Jean Cavalier, le Roi qui a derrière lui toutes les gloires, toutes les grandeurs, toutes les noblesses et toutes les sérénités de la France.

— Il faut déclarer que ce Roi n'était rien auprès de Rohan le traître et du boulanger camisard.

— Allons, Peuple, sacrifie ce Roi, et, avec ce Roi, tout ce qu'il a fait en ton nom et pour ton nom.

— L'Oligarchie anglaise le veut.

— Seize cent quatre-vingt huit s'est inscrit au livre des années; l'alliance de Luther et de Henri VIII, consommée d'intention, va l'être de fait, et sur le trône de Londres va monter le premier Roi de la Race, chargée, par l'Oligarchie protestante, de combattre sans trêve ni merci, dans le Monde, l'Égalité conquise pour le Monde par la France.

Il faut que la Féodalité survive.

Non pas la Féodalité providentielle qui a préparé l'Occident à l'Égalite,

— Mais la Féodalité oligarchique, qui de tout temps a été nuisible à l'Humanité; la Féodalité que je

trouve dans l'Antiquité, à Sparte et à Carthage,
pour l'oppression de la Grèce et de l'Afrique; la
Féodalité rapinière et cruelle, qui ne voit pas des
hommes dans les hommes, et qui, au nom de la
Liberté, les condamne à mourir de faim sous le por-
che des églises, nues comme son cœur, ou se plaît
à les attacher par dizaine à la bouche des canons,
pour les envoyer en éclats sanglants au front ou-
tragé de l'Indépendance; la Féodolité avare et
perfide, qui vend des îles pour des royaumes, qui
tend la main droite au vieillard Pontife qu'elle
pousse à l'exil de la main gauche; la Féodalité qui
ne prodigue son or que pour triompher de l'Égalité, et qui est aussi responsable du sang versé en
Europe depuis quatre-vingts ans, que Luther et
Henri VIII le sont du sang de la Saint-Barthélemy
et du sang des Cévennes.

Il faut bien l'avouer, du jour de cette alliance
de fait entre l'Occident protestant et l'Oligarchie
anglaise protestante, la troisième Race ne suffit
plus à la mission de la France; et si la Providence
n'en suscite pas une autre qui rétablisse l'équi-
libre, c'est que Dieu s'est retiré de l'Occident.

Tout son or et toute sa puissance, l'Angleterre
va l'employer à combattre l'influence française; et
la troisième Race de France, minée dans ses œuvres, trahie dans ses actes, trompée par mille

moyens, abâtardie avec les ressources dont peut disposer la haine impitoyable et omnipotente, va tomber du Parc-aux-Cerfs à la place de la Révolution, se relever ensuite, pour chanceler de Gand à Holy-Rood, et tomber encore de Goritz à Frosdorff.

Mais je tiens à le déclarer, parce que j'en ai la conviction au cœur et la preuve sous les yeux, la troisième Race, comme celle de Mérovée, comme celle de Charlemagne, ne cessera pas d'être française, même quand elle ne suffira plus à la France, même quand elle trahira fatalement sa mission.

Louis XV conduira la maison du Roi contre les habits rouges;

Louis XVI regardera l'échafaud en face;

Louis XVII ne parlera plus quand il aura dit : — « Je ne veux plus parler » — ;

Louis XVIII s'indignera au pillage du Musée du Louvre;

Charles X plantera la Croix sur les Mosquées africaines,

Et, dans son exil, devenu homme, l'enfant qu'aura dépouillé le fils du bourreau de Louis XVI ne regardera jamais la France qu'avec attendrissement.

Sans postérité comme sans mission, il s'éteindra en priant pour elle,

Comme Childéric III,

Comme Louis V.

Ce deuil de sa Race, ainsi que tous les grands hommes, Louis XIV en a la prescience.

Dans son Versailles silencieux, il tombe sous le poids des ans, mais, plus encore sous le poids de l'Avenir qu'il entrevoit; et si, pendant le cours de sa longue carrière, il a commis, comme homme, quelques fautes, elles sont bien largement rachetées par ce trépas anticipé de sa Race en lui.

O soleil si brillant jadis au ciel de ma Patrie ! ne crains pas que le Peuple de France et la Race de France qui remplacera la tienne oublient le respect et l'admiration de ta mémoire.

Nos femmes seront clémentes pour toi comme ta Reine, et tu marcheras de siècle en siècle, dans la mémoire de nos enfants, avec ton cortége de poètes et de guerriers, d'orateurs et de ministres, de victoires et de revers aussi grands que tes victoires.

Et tu entendras nos enfants constater que la troisième Race a été une Race glorieuse, une Race utile, une Race française.

Pour confesser l'incontestable action de l'Unité providentielle sur les destinées des Nations, France, il me suffit d'étudier ton Histoire!

Pour reconnaître la participation certaine de l'individualisme à ton œuvre collective, France, je n'ai qu'à suivre pas à pas ton Peuple, de son enfance à sa majorité!

Pour déclarer que cette double impulsion divine est intimement, successivement et irrévocablement dépendante du symbole actif et vivant que je nomme Race souveraine, France, je n'ai qu'à t'interroger!

LA RÉVOLUTION

I

Il y eut un moment où Dieu, après avoir prononcé le *fiat lux* qui débrouilla le chaos, jeta les
regards sur l'ensemble des éléments qui allaient
concourir à la formation de l'Univers.

Et quand il vit, sous la direction suprême de sa
volonté, les torrents de matières en fusion bondir,
en montagnes de flammes grésillantes, au contact
des ondes glacées; l'immensité des ténèbres envahie par des océans de clarté; les mondes, déjà
solides, rallier à leur gravitation les atmosphères;
bien que cette ébullition du chaos ne fût pas
l'harmonie encore, il ne put s'empêcher de s'écrier:
— « Cela est bien ! »

Et les immensités répondirent à cette exclamation par le premier hosannah des Mondes.

J'ai regardé la Révolution française, et j'ai compris l'exclamation de Dieu devant la création ébauchée.

II

La Révolution française a été l'époque de crise
pendant laquelle la France se préparait à recevoir,
des mains de la Providence, la Race souveraine
digne d'étendre, au reste du Monde, l'Égalité conquise par la troisième Race, et de présider, non-
seulement à son émancipation comme mère d'un
Peuple, mais, avec elle, à l'émancipation de toutes
les Nationalités, en triomphant d'une façon définitive des efforts tentés par l'Oligarchie anglaise
pour maintenir l'Humanité dans l'esclavage au
nom de la Liberté.

Dès que la Révolution devient inévitable, deux

îles apparaissent lumineuses au front des flots : —
la Corse et Sainte-Hélène.

Bethléem et Golgotha.

Mais ce qu'il y a de plus remarquable dans la
Révolution française c'est qu'étant l'œuvre de
l'Oligarchie anglaise, elle aboutit à la ruine de cette
Oligarchie.

Par haine de la troisième Race et de Paris, cerveau de la France, chaque jour plus complétement
organisé, Londres pousse l'Occident aux catastrophes : elles éclatent ; et, de ces catastrophes, naît, —
comme par un signe certain de la providentielle
mission de la France, — la force qui doit anéantir
l'Angleterre.

— Une fois pour toutes, quand je parle de l'Angleterre, je parle de son Oligarchie, non de son
Peuple. —

Le Peuple anglais est respectable et digne, à
l'égal du Peuple de France.

Le délivrer de l'Oligarchie qui l'exploite, ce sera
le sauver.

Les crises sociales sont comme les crises physi-
ques. Lors même qu'elles doivent aboutir à une
amélioration de l'état du pays ou du continent qui
la subissent ; elles commencent toujours par le
triomphe des éléments décomposés. Ces éléments
l'emportent sur les autres, si la crise doit être mor-

telle, ils amènent une réaction des éléments vitaux, dans le cas où elle doit être le salut.

De Louis XIV à la Convention, il faut être
aveugle pour ne pas voir la marche victorieuse
des premiers, menaçant, de par la pensée anglaise,
l'édifice occidental. De la Convention au dix-huit
brumaire, il faut nier la lumière pour ne pas distin-
guer la réaction énergique des seconds assurant le
salut de la France et par elle celui de l'Occident.

Au milieu de cette lutte d'éléments sociaux
bouleversés, insensés ceux qui ne voient pas la
troisième Race user ses dernières forces, devenir
complétement inhabile à continuer d'identifier en
elle la France, déclarer enfin, par sa faiblesse, son
impuissance à la transformer en vue de sa mission nouvelle.

Après Louis XIV, la Royauté n'a devant elle de
fort que le Peuple; elle n'a qu'un mot à dire pour
que le Pays soit réorganisé en vue du Peuple et de
l'émancipation de l'Europe.

Hélas ! la Royauté capétienne est représentée
par un enfant de cinq ans, et la Régence de cette
Royauté est donnée à l'homme dont la famille va,
dès-lors, personnifier l'action de l'Angleterre sur
la France.

Jusqu'alors, la troisième Race a été servie en vue
de sa mission.

Tout va précipiter sa providentielle décadence.

Elle a eu Richelieu et Mazarin, qui lui ont tout sacrifié.

Elle va avoir Dubois, qui exigera tout d'elle, et cela pour les siens, à lui.

Sa décadence est une curée.

Le Peuple pourrait tout sauver ; mais bien qu'en possession de la puissance, il ignore qu'il la possède, et tout tend à l'empêcher de se mettre d'accord avec la Race souveraine qui la lui a donnée.

A peine si quelques-uns de ses enfants entrevoient son rôle ; mais comme il y a, dès-lors, action des éléments funestes, ils n'entrevoient ce rôle que pour l'exploiter.

La Bourgeoisie s'organise déjà entre la Race et le Peuple.

Sieyès va naître.

Un grand homme, dont les descendants seront un jour les alliés naturels de la quatrième Race, visite Paris sous la Régence.

C'est le Czar Pierre : — Une civilisation !

Il salue jusqu'à terre la statue de Richelieu, tout en prophétisant la décadence et la ruine de la troisième Race.

N'a-t-il pas pu entendre les représentants de cette Race demander à Law le secret de l'art de gouverner les hommes ?

Du jour où un gouvernement voit dans les financiers autre chose que des instruments, il est perdu.

Après Dubois, le duc de Bourbon.

La curée encore.

Louis XV peut épouser l'Espagne ; il épouse le fantôme de la Pologne, — un des prétextes de l'Angleterre contre l'ordre continental.

Après le duc de Bourbon, Fleury.

La curée toujours.

Les traitants montent, et avec eux l'inintelligence des événements.

Du jour où un gouvernement voit dans les financiers autre chose que des instruments, il est perdu.

L'argent est un moyen.

Malheur à la Race et au Peuple qui le laissent devenir une volonté !

Et pendant ce temps, l'Oligarchie anglaise s'attache aux flancs occidentaux comme un cancer, et pousse l'Occident sur la France.

Le malentendu qui dictera le manifeste de Brunswick commence après Fontenoy.

Pauvre troisième Race, qui ne sait plus que mourir !

« Tirez, Messieurs les Anglais », — dit-elle en saluant.

Ils tirent et ne saluent pas.

Mais elle est toujours la France : — Fontenoy sera une victoire.

Enfin, Louis XV règne; il est encore temps pour lui de dire au Peuple : — « Ma Race t'a fait, fais-moi ! »

La Royauté a perdu l'intelligence de son rôle en perdant Louis XIV. Elle ne le retrouvera que par éclairs, et ces éclairs ne suffiront pas à la galvaniser.

En 1830, elle aura un de ces éclairs : — il durera une heure.

Un mot caractérise le règne de Louis XV :

— « Après nous le déluge ! »

Ah ! que ceux qui s'affligent de l'impossibilité de régner qui pèse aujourd'hui sur les Capétiens nous disent en conscience si cette impossibilité n'est pas leur œuvre autant que celle de la Providence.

Un mot, un acte suffiraient à Louis XV pour empêcher la crise.

Il ne dit pas ce mot; il ne fait pas cet acte.

Il crée Voltaire gentilhomme de la Chambre, il laisse la marquise de Pompadour correspondre avec une Impératrice ; il nomme Zamore gouverneur de Luciennes. Ne sachant à quoi utiliser la Royauté, n'ayant plus conscience de sa mission, il la ridiculise, il la souille, il l'abdique par la plus irrévocable des abdications : celle que dicte le mépris.

Et, pendant ce temps, l'Oligarchie anglaise s'attache aux flancs occidentaux comme un cancer, et pousse l'Occident sur la France.

Rousseau écrit le *Contrat social*.

La société sans Dieu.

Pourquoi pas, et à qui la faute? — A la Royauté française, à la Noblesse française, au Clergé français, pas au Peuple français. — C'est le Peuple français qui rendra Dieu à la Société par la volonté de la quatrième Race.

Défenseurs d'une illégitimité qui s'est faite elle-même illégitime, pourquoi accusez-vous le Peuple de France?

Est-ce le Peuple français qui a appelé la Royauté *la France*, comme par dédain de ce qu'elle devait être?

Est-ce le Peuple français qui a dépouillé la Noblesse de toute dignité dans les orgies et dans les tripots?

Est-ce le Peuple français qui a poussé des évêques indignes à chausser la mule de la Dubarry?

Le Peuple français regarde dans une silencieuse douleur la Race et ses instruments se déshonorer;

laisse les agents anglais et la Bourgeoisie spéculer sur ces irrréparables catastrophes ; il ne bougera que pour sauver la France.

Et il la sauvera !

D'autres Rois, dans les Races précédentes et dans celle-ci même, ont commis des fautes, des crimes même, — mais ils sont restés Rois !

Ce qui caractérise Louis XV, et sa Race en lui, c'est l'abdication de la Royauté.

Le comte de Chambord, sur qui cette abdication pèse, le sait, et ne se sent pas Roi de France.

Louis XVI lui-même, Louis XVI sera-t-il la Royauté ?

Qui oserait le soutenir ?

Et pendant ce temps, l'Oligarchie anglaise s'attache aux flancs occidentaux comme un cancer, et pousse l'Occident sur la France.

III

Ce qu'est Louis XVI, je vais essayer de le dire
en deux mots :

C'est l'âme, le cœur et la conscience d'un homme
du Peuple dans l'homme qui devrait être l'âme, le
cœur et la conscience de la Royauté ;

C'est l'esprit des masses monté suppliant vers
le trône pour lui dire : — « Sois le trône ! » — et
demeuré dans le cerveau d'un honnête homme qui
croit que souhaiter le bien, c'est le vouloir.

Pour qu'il fut possible de renouer, dans ces
conditions, l'alliance de la Nation et de la Race, il
faudrait que la crise ne fût pas commencée; que
l'Angleterre ne fût pas installée dans toutes les

voies qui vont du trône au Peuple et du Peuple au trône; que Philippe d'Orléans ne fut pas allé sucer à Londres le venin dont il essaiera d'empoisonner la France.

Voyez-les monter à l'escalade de la clef de voûte, les ennemis de toutes sortes, les soudoyés de l'Angleterre !

Et que leur oppose-t-on ?

Necker !

Calonne !

Du jour où un gouvernement voit, dans les financiers, autre chose que des instruments, il est perdu.

Il y a une Reine, s'il n'y a pas de Roi.

Sus à la Reine !

A la Reine, belle comme la Beauté, sainte comme la Religion, artiste comme l'Art, Française à la grande façon de l'être ! Sus à la mère qui en appellera à toutes les mères ! Sus à Marie-Antoinette !

Ombre pure, n'accuse pas le Peuple. — Le Peuple de France te pleurera toujours.

Accuse ton mari, qui a l'Armée et la Justice de France, et qui ne s'en sert pas.

Accuse la Noblesse, qui te jalouse et qui voit en toi un maternel obstacle à la prostitution de ses filles;

Accuse le Clergé, qui, après avoir oublié son

rôle jusqu'au point de ne plus être le Pasteur,
l'oublie jusqu'au point de vouloir être ton amant;

Accuse tout dans cette décadence de la Race
que tu es venue pour féconder, et, quand tu vou-
dras que quelqu'un pleure sur ton pauvre Dauphin
tremblant, ne t'adresse pas aux femmes qui t'en-
tourent et qui émigreront avec l'argent qu'elles
t'auront volé : adresse-toi aux femmes de la halle
et aux femmes des champs ; elles feront à ton enfant une rosée de leurs larmes, un berceau de
leur souvenir;

Accuse enfin, et plus particulièrement, la jalousie
de cette classe intermédiaire qui vit entre les
masses et le Pouvoir, dans la perpétuelle jalousie
de l'un, dans la perpétuelle haine des autres,
prête à être, selon les événements, le bourreau
des Rois ou la déprédatrice des Peuples;

Accuse Mme Rolland, qui te hait parce que tu es
belle et Reine, qui poussera son mari sénile à te
haïr, comme plus tard d'autres jeunes femmes de
la même nature pousseront d'autres vieillards à
défigurer l'Histoire.

Et la France, cependant, du milieu de cette décadence, dicte le traité de Versailles.

Elle a ressaisi la moitié des mers; elle a affranchi
l'Amérique sans que son Roi sût ce qu'elle faisait.

« Quel Empire ! s'écrie Joseph II : — la terre et la mer ! »

« C'est cet Empire qu'il faut amoindrir ! » — crie plus fort l'Angleterre à l'Occident.

La nuée des ennemis soudoyés s'abat de plus belle autour des Tuileries.

Il y a de par le Monde des bijoutiers qui ont besoin d'argent, qui ont un collier et qui, pour le vendre, se prêteront au déshonneur d'une Reine !

Tout menace le trône.

C'est alors que Louis XVI, qui se sent Peuple, veut en appeler au Peuple. Il assemble les États; il irait lui-même se mêler au Tiers; mais sa Noblesse et son Clergé lui conseilleront de ne point abaisser à ce point la Royauté, et quelques jours, quelques mois après, Clergé et Noblesse s'éloigneront de lui pour se joindre à ce Tiers qu'il aime et pour persuader à la Nation que le Roi a voulu s'éloigner d'elle.

« Mais soyez donc le maître, Sire ! »

« Impossible, ma Race a terminé sa mission. »

Et de chute en chute, de concessions en concessions, de faiblesses en faiblesses, il faut bien le dire, de lâchetés en lâchetés, il aboutit à la tribune de la Convention, sans que lui, qui est Peuple, ait jamais rien fait de directement d'accord avec le Peuple.

Tous les hommes de valeur et d'enthousiasme ont essayé d'étayer cette Race. — Elle les écrase en s'obstinant à tomber.

L'amour qu'inspire la Reine ne suffit pas au rachat de l'abdication honteuse !

Mirabeau meurt,

Barnave meurt.

Saint-Just n'a pas pu se sanctifier dans cet amour.

La Race est déjà au Temple que le Peuple est encore étranger à tout, comme ensemble et surtout comme direction.

Et pendant ce temps, l'Oligarchie anglaise s'attache aux flancs occidentaux comme un cancer, et pousse l'Occident sur la France.

Elle fait le chaos sur notre sol au nom de la Liberté.

Elle soudoie les Nations au nom de la Monarchie.

Pour elle, il faut qu'à l'intérieur toute institution soit détruite afin que toute réédification de l'édifice français soit impossible;

Qu'à l'extérieur, les Nations conçoivent une telle haine de ce chaos, qu'elles jurent l'anéantissement de tout ce qui est Français.

Pour dernier coup de théâtre, Philippe d'Orléans touchera le bouton de la guillotine, et la France sera régicide.

En embrassant d'un coup-d'œil ces événements, on comprend le chiffre de la dette de l'Angleterre.

Brunswick est à la frontière !

La France est enfin perdue.

Halte-là ! vous avez compté sans le Peuple français.

IV

La Patrie est en danger !

Entendez-vous, dans les rues des villes et dans les carrefours des villages, le bruit sourd de la baguette frappant sur la peau sonore ? Debout ! debout ! debout ! C'est le tambour patriote; c'est Mérovée; c'est Clovis; c'est Charlemagne; c'est Louis XIV qui, par sa voix, crient aux Francs : « Nous vous avons légué la France, sauvez la France ! »

La Patrie est en danger !

Et de toutes les portes béantes, sort l'ouvrier, les manches relevées au coude, le laboureur, le front découvert, les employés obscurs, les fai-

néants et les travailleurs, les bons et les mauvais,
les courageux et les lâches, poussés par les
vieillards et par les femmes, par les enfants qui
pleurent de ne pas être hommes. Il y a des éclairs
dans tous ces yeux; il y a des frissons dans tous
ces cœurs; il y a la France dans toutes ces âmes;
et ils suivent le tambour qui leur a crié : — « Debout! debout ! debout ! »

La Patrie est en danger !

Et les vieillards disent aux jeunes hommes : —
« J'étais à Fontenoy, il faut que mon sang n'ait
pas coulé inutile ! » — Et les mères disent à leurs
garçons : —« Je suis née dans ce village, il faut que
tu te battes pour que j'y meure. » — Et les épouses
disent à leurs époux : — « Embrasse tes enfants et
va les défendre. » — Et les fiancées disent à leurs
fiancés : — « Pour que je t'aime, il faut que tu sois
vainqueur ! » — Et les estrades frémissent sous le
poids des adultes et des hommes qui s'enrôlent,
pendant que le lugubre tambour trouble comme
un remord l'âme des lâches, qui, entraînés à leur
tour, gravissent l'estrade en criant : —

« La Patrie est en danger ! »

Ils partent; ils ruissellent sur les routes, en
habit, en blouse, en haillons, égaux comme
Louis XIV les a faits, disciplinés comme Louvois
les a rêvés; ils ont à la main des armes rouillées,

des fourches, des bâtons, rien parfois; mais ils marchent. Bientôt les groupes sont des compagnies, les compagnies des bataillons, les bataillons des armées; et, du milieu de ces agglomérations d'hommes encore sans chefs, le bruit du tambour retentit, mille hourras s'élèvent : — « A l'ennemi! à l'ennemi! Sur le Rhin ! sur les Alpes! sur les Pyrénées! sur l'Océan ! Que la frontière soit un cercle de poitrines à trouer pour le salut de la France ! » —

La Patrie est en danger !

Quatorze armées ! quatorze trombes! Les hommes en haillons et les hommes en blouse; les courageux et les lâches; tous, coude à coude, ont franchi la frontière; ils envahissent à leur tour, les envahis ! C'est l'Europe qui tremble; c'est l'Angleterre qui s'agenouille; et sous les boulets decrivant leurs paraboles, dans la flamme qui s'échappe des fusils, sur les murailles des cités vaincues, l'ouragan de soldats en sabots ne pousse qu'un cri : — « Vive la France! » — Il n'y a plus qu'elle pour cet ouragan, et il sent que dans ses flancs il porte l'Avenir. — C'est de l'Armée qu'est sorti Clovis; c'est de l'Armée qu'est sorti Charlemagne; c'est de l'Armée qu'est sorti Philippe-Auguste; c'est d'elle que sortira la quatrième Race.— Front à l'Europe !

La Patrie est en danger !

Et les femmes, de leurs mains, labourent et ensemencent la terre, en priant pour les vaillants cœurs. — Un appel, et elles marcheront à leur tour. — Les époux sont morts, les pères sont tombés, les fiancés sont mutilés, les enfants ne sont plus : — « Vive la France ! » — Mais le valet d'hier est général, le lâche d'hier est un héros, les survivants ont sauvé la terre natale : « — Vive la France ! » — Que l'Angleterre vide ses trésors, appauvrisse l'Inde, ruine les autres Nations sans se ruiner : à un nouvel effort de sa part ou de celle des autres Peuples, le même tambour retentira, les mêmes portes béantes s'ouvriront, les mêmes fleuves de combattants ruisselleront sur les routes, les mêmes femmes les animeront, les mêmes enfants porteront leurs fusils ; car la France n'a qu'à frapper du pied la terre pour enfanter des armées ; elle est la fille aînée du Dieu des combats, et, à sa frontière, il y aura toujours un cercle de poitrines, quand le tambour voilé de noir criera, mêlé au tocsin des cathédrales : —

« La Patrie est en danger ! »

V

Il y eut un moment où Dieu, après avoir prononcé le *fiat lux* qui débrouilla le chaos, jeta les
regards sur l'ensemble des éléments qui allaient
concourir à la formation de l'Univers.

Et quand il vit, sous la direction suprême de sa
volonté, les torrents de matières en fusion bondir
en montagnes de flammes grésillantes au contact
des ondes glacées; l'immensité des ténèbres envahie par des océans de clarté; les mondes, déjà
solides, rallier à leur gravitation les atmosphères;
bien que cette ébullition du chaos ne fût pas l'harmonie encore, il ne put s'empêcher de s'écrier : —
« Cela est bien! »

Et les immensités répondirent à cette exclamation par le premier hosannah des Mondes.

J'ai regardé la Révolution française, et j'ai compris l'exclamation de Dieu devant la création ébauchée.

VI

Le Peuple de France sauve la France au dehors.

Il la sauvera au dedans.

Seulement, à quel prix, grand Dieu !

Mais, pas un seul instant, la responsabilité des
maux causés et dont il supporte, du reste, la plus
lourde part, ne pourra retomber sur sa tête. Entré
pauvre dans la lice, il en sortira pauvre; et quand
on fouillera les chambres nues de ses vrais tri-
buns, on n'y trouvera pas une monnaie d'or.

Comme dans toute crise salutaire, il y a d'abord,
dans la crise révolutionnaire, triomphe des éléments funestes, puis réaction des éléments vitaux.

C'est le Peuple qui opère cette réaction, et c'est pour ne pas avoir compris que l'action du Peuple ne commence qu'avec cette réaction, que les historiens se sont abusés, pour la plupart, sur le véritable sens de la Révolution.

La crise est causée d'abord par l'abdication de la Race dans Louis XV, puis par l'abdication successive de tous les instruments hiérarchisés de la Race, qui trahissent au fur et à mesure tous ceux qui leur sont supérieurs, essayant d'hériter de leurs droits, et ne reculant devant le mal providentiel dont ils sont les auteurs qu'après avoir reconnu qu'ayant servi de dupes à l'esprit anglo-saxon, ils vont être attaqués, brisés à leur tour par d'autres agents de cet esprit.

La haute Noblesse émigre,

Puis la Noblesse d'épée,

Puis la Noblesse de robe;

La Magistrature émigre,

Le haut Clergé émigre,

Puis le Clergé ordinaire.

Qu'est-ce que c'est que l'Émigration, sinon l'abdication du droit?

Fuir la maison en flammes sans essayer de la sauver, c'est légitimer la prise de possession des flammes.

Quelle est la fille qui ne reniera son père, si son père l'a laissée aux mains des violateurs.

Depuis Louis XV, qui n'a pas voulu la gouverner, jusqu'au dernier prêtre qui ne la veut pas bénir, la France voit se retirer d'elle, par une fatalité étrange, tous ceux qui ont, à divers titres, été les instruments hiérarchisés de la troisième Race. Cette retraite donne à la France le droit incontestable de se considérer comme dégagée avec eux de toute solidarité

La France demeure entièrement seule devant le mal, entièrement libre de dire à celui qui résumera le bien qu'elle va conquérir : — « Tu seras mon Souverain ! »

Et remarquons la succession providentielle des Races :

Des Rois ont fait la France; une époque critique a marqué le déclin de leurs descendants, et ce sont des Empereurs qui ont répandu sur l'Europe l'esprit féodal en son nom.

Des Rois ont fait l'Égalité du Peuple de France; une époque critique a marqué le déclin de leur Race, et ce sont des Empereurs qui répandront, non-seulement sur l'Europe, mais sur le Monde, cette bienfaisante Égalité.

Les Empereurs, c'est la Nation en mission dans l'Humanité.

L'Oligarchie anglaise ne veut qu'une chose, elle : — que la France ne soit plus. Pour cela, elle a recours à tous les moyens.

A une heure donnée, elle rassemble les officiers de l'ancienne marine de France, poussés à l'émigration par la folie commune aux leurs, et demeurés Français dans le cœur et dans l'âme. Elle les lance sur nos côtes, sous prétexte de leur rendre leur Patrie, et tous ces officiers tombent sous des balles fratricides averties de leur venue.

Cela s'appelle Quiberon ! Et l'on entend une voix de l'autre côté de la Manche qui s'écrie avec un strident sourire :

— « La France maritime est morte ! » —

Les échos de l'Océan lui répondent par le cri du *Vengeur* :

— « La France maritime ressuscite ! » —

Le plus grand effort de l'Angleterre sert de signal à la réaction par le Peuple.

L'idée de la fédération de la France est lancée dans Paris, en train de devenir, dans un transport dont il souffre la torture, le cerveau de la Patrie majeure.

Quoi ! la fédération de la France ?

Voilà le Progrès rêvé, le Progrès inspiré ?.....

C'est-à-dire toute l'œuvre de Clovis, de Charlemagne et de Louis XIV détruite, et avec elle notre force autonome, notre foi autonome, notre richesse autonome.

Quoi! l'Aquitaine, la Séquanaise, la Bretagne, la Bourgogne, la Flandre, toutes les provinces sœurs, laissant leurs mains se désunir, se tournant le dos, tendant le cou à tous les poignards, les mains à toutes les chaînes?

Et le mouvement commence.

Tout est bon pour le propager : —Voilà l'ordre.

« Qu'il se développe, ici, au nom du Peuple demeuré fidèle à la Monarchie qui s'est enfuie! » — Mais elle ne viendra pas dire au Peuple qu'il s'abuse, ou mourir avec lui si elle croit qu'il a raison.

« Que le mouvement fédératif se développe, là, au nom des intérêts matériels compromis. »

« Qu'il se développe plus loin, grâce à l'aide de l'étranger envahisseur. »

Et les députés girondins quittent Paris pour que ce mouvement aboutisse. D'autres prient au pied de l'échafaud pour que Dieu le fasse aboutir.

Cette première période de la crise révolutionnaire, je la renie au nom du Peuple de France; il n'y a pas pris part; il la désavoue.

Pleurant de douleur, il a terrassé la Vendée qui, dans un sublime accès d'égarement, pouvait perdre la Patrie.

Regardant, sous le costume d'artilleur de Bonaparte, l'orgie sanglante et carnavalesque du 20 juin, le Peuple a bondi d'indignation à la vue du bonnet rouge sur le front de la Royauté.

Dans la Convention enfin, il a forgé des foudres et brassé les éléments de sa reconstitution par l'Égalité conquise, en faisant les serments les plus solennels et les plus terribles que la France Une ne périra pas.

Qu'elle ait été ou non la Terreur, la Convention a sauvé la Patrie, et, en la sauvant, elle a bien mérité du Monde.

Encore une fois, avant de reculer devant cette affirmation qui sera forcément au bout de la plume de tous les hommes de génie qui étudieront la Révolution française, qu'on ne se méprenne pas sur sa signification.

Qu'on remarque bien que tout ce que le Peuple conventionnel a fait, il l'a fait parce que tout avait successivement fait défaut à la France, par abdication, par égoïsme, par trahison, par lâcheté.

Royauté, Noblesse, Clergé, Bourgeoisie, tout abandonne le gouvernail à l'heure où les flots montent; il n'y a plus que le Peuple au pouvoir.

Qui donc, après l'avoir abandonné, viendrait lui disputer le droit de prendre, dans son propre sein, tous les éléments de la reconstitution de la

France, et de ne plus admettre les fils de ceux
qui ont lâché pied que comme des orphelins condamnés à se fondre dans l'obscurité des foules
pour expier les torts de leurs pères ?

Qu'on remarque bien que la Convention ne s'est
rendue coupable d'aucun des grands crimes dont
elle porte la responsabilité devant la mauvaise foi
ou l'ignorance.

Qui a renié Dieu ?

C'est Louis XV, c'est sa Noblesse, c'est son
Clergé.

— Que le vénérable Clergé actuel de France ne
se méprenne pas sur ce que nous entendons par
le Clergé de Louis XV. —

La Convention, lorsque la réaction commencera,
ira, en corps, s'agenouiller devant l'Être suprême,
en attendant que la quatrième Race ramène Jésus
Christ dans nos temples.

Qui a tué le Roi ?

La Noblesse, calomniatrice de Marie-Antoinette ; le Clergé, traître à Louis XVI ; Rolland, au
nom de la Bourgeoisie ; Philippe d'Orléans, prince
du sang.

La Convention, par la bouche de Saint-Just,
anéantit, dans le Roi, le prétexte invoqué contre la
France. Mais donnez par la pensée ce jeune homme
pour ministre à Louis XVI au lieu de M. Rolland ;

donnez-le lui pour frère de sang, au lieu du duc d'Orléans; faites-en l'épée de la France à la place de celle qu'emportent les émigrés, et vous verrez s'il y avait en lui l'étoffe d'un lâche, d'un traître ou d'un bourreau.

Qui a menacé l'existence de la Famille?

Les Nobles, qui vendaient leurs filles; le Clergé indigne, qui n'avait plus de foudres pour Sodôme.

La Convention a jeté, dans le grand moule égalitaire, tous les éléments qui ont reconstitué la Famille.

Ainsi pour la Propriété,

Ainsi pour l'Ordre public,

Ainsi pour le Commerce et l'Industrie,

Ainsi pour tout.

C'est avec la ferme résolution d'être de bonne foi et de se rendre compte de toutes les causes, avant de se prononcer sur les effets, qu'il faut étudier l'histoire du Comité de Salut Public, et nous défions le fils même de Louis XVI, s'il pouvait renaître, de ne pas l'absoudre et de ne pas déclarer qu'à l'heure où son père monta au ciel, la France était dans la Convention.

Écoutons-le.

VII

Tant qu'il]y aura des mères au Monde, des
pères dont le cœur battra, des enfants qui s'indigneront au récit des souffrances du royal enfant
martyr, le nom de Simon sera maudit !

Sur un grabat informe, sans linge et sans cou-
vertures, je vois un pauvre petit garçon rassemblé
sur lui-même, et se tenant des mains les pieds nus,
pour que rien de sa chaleur naturelle ne puisse lui
échapper dans cette chambre froide. — Il y a une
cruche dans un coin, du pain sur la cruche, et un
tire-pied sur l'unique chaise placée devant le
grabat. — L'enfant a des cheveux blonds dont les
boucles pleuvent sur ses joues, un front large, déjà

plissé, une adorable figure d'ange éploré, et de grands yeux qui n'ont plus de larmes, mais dans lesquels on ne peut lire sans en répandre.— A cet enfant, on a pris successivement son père, sa mère, sa sœur, sa tante, puis le soleil, puis le jour, puis tout ce qu'on peut prendre sans prendre la vie. — Cet enfant laisse ses grands yeux vagues errer dans l'espace, et ses lèvres pâles se murmurent à elles-mêmes : —

« Je souffre bien , mon Dieu ! et je ne suis cou-« pable que d'avoir souri à tous, que d'avoir, sur « l'ordre de ma mère, envoyé mon cœur dans mes « baisers à tous ceux qui voulaient le prendre.

« Pourquoi suis-je là, sans feu, sans une voix « qui me réponde, sans un baiser qui me soit « rendu ?

« Ah ! pourtant, j'ai eu un grand-père qui était « *bien-aimé*; j'ai eu un père qui était *juste*; j'ai vu « s'incliner devant mon berceau tout ce qui consti-« tuait la force, le pouvoir, la sécurité de ma vie !

« Tout cela va revenir me défendre et me « sauver; tout cela s'occupe de moi au dehors, et « demain j'aurai chaud ; je pourrai sourire ! »

Un silence se fait ; les grands yeux de l'enfant sont devenus plus grands encore ; on dirait qu'il voit dans les temps, qu'il entend dans les espaces.

« Après moi le déluge ! »

« Voilà l'héritage royal que mon grand-père
« m'a laissé. — Il est venu, le déluge !

« Mais soyez donc Roi, Sire, a crié ma mère à
« mon père. »

« Mon père n'a pas voulu l'être.

« Comment le serai-je, moi?

« Par droit de naissance, car il y a autour de
« mon berceau, du sommet de la Société française
« à sa base, des gens intéressés à ce que je le sois ;
« ils ne craindront pas le déluge, eux; ils m'aide-
« ront à l'écarter de la France. — A moi, mes
« princes du sang !

« Où sont-ils ?

« Je ne veux pas le dire, et cependant pour-
« quoi les aimerais-je? A l'approche du danger, ils
« sont partis avec leurs richesses, et qui sait s'ils
« ne souhaitent pas ma mort pour se rapprocher
« du trône dont ils se rendent indignes, en
« m'abandonnant ainsi que la France.

« Ah ! il en reste un ! — Que dit-il?

— « Je vote pour la mort ! » —

« Ange des cieux, il a tué mon père !

« A moi, ma Noblesse ?

« Hors de France !

« A moi, mon Clergé?

« Hors de France !

« O bénies soient les exceptions saintes !

« A moi , mon peuple ?

« Oh ! celui-là viendrait , mais il est aux fron-
» tières. Ils ont dit au Peuple qu'ils accouraient
« pour le massacrer en mon nom, comme si c'était
« lui que je dois haïr !

« Comme il se bat , comme il triomphe , mon
« Peuple !

« Montjoie et Saint-Denis , Jourdan ! Montjoie
« et Saint-Denis , Marceau ! Montjoie et Saint-
« Denis , Bonaparte !

« Oh ! il y a quelque chose derrière Bonaparte...
« sur son front... l'étoile ! Hélas ! elle a quitté le
« mien.

« Pourquoi pas sur son front , si je suis con-
« damné.

« Après moi , où sera le Droit ? — Ils ont fui,
» donc ils sont indignes d'en hériter.

« Le Droit aura tout entier fait retour à la
« France , à une France reconstituée sans les
« fuyards et sans les traîtres , à une France que
« je bénis, parce qu'elle est la France que j'aurais
« voulu faire, si la mission divine ne s'était pas
« retirée de ma Race.

« Vive cette France ! »

Un silence nouveau règne dans la chambre nue ;
l'enfant a faim, mais, s'il bouge, il réveillera le
bourreau.

« Ma bonne mère , vous qui m'avez appris qu'il
« y a un Dieu au ciel et, auprès de ce Dieu, une
« place pour les martyrs, appelez-moi auprès de
« vous, car vous êtes à cette place.

« Le Peuple me sauverait seul ; mais le Peuple
« m'ignore et m'a oublié.

« Je n'ai plus la force de me diriger vers cette
« fenêtre d'où je le voyais et d'où je l'appelais en
« vain , car cette fenêtre est bien loin de sa vue.

« Appelez-moi, et je pardonnerai, en m'envo-
« lant vers vous, à tous ceux qui m'ont abandonné,
« même à l'homme qui est endormi dans l'autre
« chambre, et qui va me battre tout à l'heure, parce
« qu'on lui a dit que je suis la haine.

« Appelez-moi, et je prierai là-haut pour le Pays
« de France, pour le Peuple, qui m'acclamait, tant
« que les principaux de la Noblesse, du Clergé et
» de la Bourgeoisie ne lui ont pas crié :

« C'est le fils de l'adultère ! » — ou : — « C'est
« le petit *veto* ! »

« Appelez-moi ma mère !

« Ils ont dit que vous m'aviez abâtardi. Vous
« savez que je ne parle plus, n'est-ce pas, de-
« puis qu'ils m'ont volé jusqu'à des paroles. —
« Appelez-moi, pour que je pénètre dans le ciel
« à votre bras, et que je dise à Dieu : — Voilà ma
« m ère !

« Il ne se trompera pas plus à mon cri que les
« mères de France ne se sont trompées aux vô-
« tres.

« Appelez-moi, car la Commune de Paris, cette
« Oligarchie qui pèse sur la Convention, empêche
« la Convention de penser à moi, et je souffre
« bien.

« Appelez-moi, je ne trouverai pas d'avocat
qui me défende. Tronchet s'est prononcé pour
eux.

« Appelez-moi, ma mère, et s'il était écrit
« qu'avant de mourir, je devais verser toutes les
« larmes de ces yeux, dans lesquels vous vous êtes
« tant de fois mirée si belle, regardez ces yeux du
« ciel; il n'y a plus de larmes sous leurs cils.

« Appelez-moi, ma mère ! »

Et dans la chambre voisine, un homme encore
ivre s'éveille.

L'enfant tremble plus fort.

« Debout, Capet ! »

Et comme l'enfant ne bouge pas, une forme de
cordonnier, lancée par une ignoble main, vient
l'atteindre à l'épaule.

Patience, enfant, ta sainte mère va venir te
prendre.

— Toi Louis XV.

Vous émigrés.

Vous partisans de la fédération de la France.

Vous tous qui n'avez pas voulu être l'identification du Peuple français,

Portez dans la Postérité la responsabilité du martyre de cet enfant, comme Simon portera celle de la blessure qu'il vient de lui faire. —

Cinquante ans plus tard, il y aura un jour un père et une mère qui suivront en pleurant sur une route le cadavre d'un jeune homme tué d'une chute de voiture.

Noble héros responsable

Et une voix providentielle fera entendre au père de ce jeune homme ces mots :

— « Je vote pour la mort ! » —

Tant qu'il y aura des mères au Monde, des pères dont le cœur battra, des enfants qui s'indigneront au récit des souffrances du royal enfant martyr, le nom de Simon sera maudit !

VIII

D'hécatombes en hécatombes, jusques à celle de
Thermidor, qui ne fut ni la moins injuste, ni la
moins sanglante, la Convention aborde tous les
problèmes de la reconstitution de la France, — de
la France abandonnée à son Peuple.

Aux mains des prédécesseurs des conventionnels, les sublimes cahiers de quatre-vingt-neuf
n'ont servi qu'à motiver tous les bouleversements
successifs aboutissant au 10 août, et Dieu sait s'il
entrait dans l'esprit des rédacteurs des cahiers que
ces bouleversements fussent arrosés du sang de
tant d'innocents.

Quand elles doivent se traduire en bienfaits pour

l'Humanité, les grandes choses ont toujours besoin d'un sang innocent qui les féconde.

A Dieu de récompenser ceux à qui on l'a pris, et de punir ceux qui l'ont répandu.

Aux mains des conventionnels, les cahiers, devenus rouges du sang versé, sont au moins feuilletés par le Peuple et pour la France. L'éternel contrepoids à l'horreur irréfléchie qu'elle inspire sera, pour la Convention, de n'avoir jamais rien fait que pour et par la Patrie.

Elle a été le chaos précurseur de l'Égalité réalisée.

Mais, avec la Convention, un nouvel âge de la France s'affirme. En vain on essaiera de lutter pour prouver le contraire : — après Thermidor, il est impossible que notre Pays redevienne ce qu'il était avant Louis XV; il s'est complétement transformé en vue de l'exercice du Pouvoir au nom de tous, et désormais, pour le gouverner, il faudra, non-seulement être l'identification de l'ensemble de ses fils, mais celle de chacun de ses fils, et la Race Capétienne, qui a poussé le Pays à ce Progrès par l'absolutisme, serait incapable d'en diriger l'essor, lors même que la crise qui l'emporte n'aurait pas éclaté.

Ce que la Convention brasse, ce sont les éléments sociaux, en vue de l'Égalité, dont elle va faire la base du Pouvoir nouveau. Après elle, il n'y a de possible qu'une souveraineté démocratique.

Les principaux éléments constitutifs d'une Société sont :

La Propriété,

La Famille,

L'amour et le service armé de la Patrie,

L'administration de la richesse sociale et l'exploitation de cette richesse, en un mot le Travail.

La préoccupation de l'Oligarchie anglaise a été de surexciter ces divers éléments, au point de les irriter les uns contre les autres. La Convention les prend à leur paroxisme d'irritation ; et comme le forgeron se sert du fer rouge, elle les utilise au moment de leur incandescence, et, de chacun d'eux, compose une partie, solidaire de l'ensemble général, qui contiendra tous les autres. C'est la création de cet ensemble d'éléments, dont le principe d'Égalité sera la force de cohésion, qui causera la mort de l'Oligarchie anglaise.

Cela est bien simple : — Il y a un Peuple anglais, et, à un Peuple quelconque, il sera impossible de prouver éternellement qu'on peut être libre sans être l'égal de son prochain.

Tout Français : — homme, femme, enfant, peut être propriétaire du bien que lui et les siens ont acquis par le Travail. La possession du sol de la

France est accessible à tous, et, qu'on en possède un are ou un hectare, on le possède au même titre, avec protection égale pour le lopin de vigne et l'enclos de forêts, sans autre arbitre que l'État, présidant aux rapports de la Propriété individuelle avec l'In-l'intérêt général. La loi d'héritage, régulatrice de la transmission des biens, est conçue de telle sorte que le fils est un droit vivant, égal au droit de ceux qui possèdent le même titre, l'ayant puisé au même sein.

On a voulu, par la Révolution, détruire la France. La voilà couverte, contre toutes les atteintes, par la maille invulnérable de la Propriété accessible à tous, offerte à tous. Cette accessibilité est la raison pour laquelle le Monde entier subira l'influence française.

Toute Famille est désormais certaine d'être une synthèse, indépendante dans la synthèse sociale, pourvu qu'elle ne s'en déclare pas l'ennemie, et l'impossibilité de son inimitié collective résulte de l'égalité de ses membres devant la loi commune. La volonté du père et de la mère est la volonté souveraine, jusqu'à ce que l'enfant devienne homme; mais devenu homme, il est garanti contre l'oppression, quellle qu'en soit la nature, par cette loi qui devient au besoin son refuge. De cette façon, pour l'aïeul en enfance comme pour le nouveau-né il y a une égalité individuelle régulatrice de l'Egalité qui rend la Famille maîtresse. Chaque être devient, comme individualité, respectable dans ses actes, sans que rien puisse lui ravir la jouissance ni, par exemple, la responsabilité de son individualisme.

On a voulu, par la Révolution, détruire la France. La voilà couverte, contre toutes les atteintes, par la maille invulnérable de la Famille indépendante et solidaire, par l'individualité responsable. Cette constitution de la famille, souveraine dans chacun de ses membres, fera que l'influence française deviendra douce au reste du Monde.

La Patrie, à tous comme sol, ayant droit désormais à la reconnaissance de tous, ne veut plus être grande et forte que par tous : — par celui qui possède peu, par celui qui possède beaucoup. Jalouse d'être grande et forte, elle veut être riche et armée. Chacun lui fournira la richesse et l'arme, à égal titre : — l'impôt d'argent et l'impôt du sang, supportés par chacun, donneront à chacun le droit de se dire la Patrie. L'individu versera son denier, la famille son marc ; et, quand la conscription aura marqué tel homme pour jouir de l'insigne honneur de porter le fusil de la France, la mère de cet homme se sentira partir en lui pour la frontière.

Ces deux impôts seront l'un pour l'autre une

garantie de l'égalité de leur destination. L'argent de tous paiera le soldat de tous. — De même que l'argent du travailleur pourra devenir la solde du général, le général sera soumis à l'approbation du travailleur. — Dans les armées de la Justice, de la Science, de la Foi, il y aura même possibilité pour tous de monter de la base au sommet. Ce ne sera plus, comme dans la vieille Société, l'exception qui aura droit au premier rang, ce sera la généralité, classée par la loi du mérite.

On a voulu, par la Révolution, détruire la France. La voilà couverte, contre toutes les atteintes, de la maille invulnérable des impôts également répartis. Et c'est l'Égalité devant ces impôts, devant leur jouissance ; c'est l'accessibilité de chacun au titre de Chef des autres, la communion, en un mot, de chaque individu avec la Patrie, par le sacrifice ou par le succès, qui fera que toutes les Nations et tous les Peuples aspireront vers l'influence fran-çaise comme vers leur Messie.

A tous, le sein de la France ; à tous, une place au foyer ; à tous, le droit de combattre et d'aspirer à la récompense du combat. Mais pour posséder, pour aimer en paix, pour récompenser selon la Justice, il faut pouvoir acquérir. A tous, la France nouvelle donnera un droit égal à la possession, base fondamentale de l'ordre de choses qu'elle veut

réaliser à son profit — : ce droit ce sera le Travail,
élevé dès-lors à la hauteur d'un devoir pour tous,
et d'un titre d'honneur, pour ceux qui se distingue-
ront dans sa pratique. Commerçant, industriel,
agriculteur, ouvrier des uns et des autres, seront
désormais, avec les soldats désignés par le sort et
les employés de l'Etat, toute cette Société. Celui
qui ne sera pas ou n'aura pas été un producteur,
un défenseur armé ou un serviteur administratif de
la production, sera un intrus dans la Société, désormais hiérarchisée selon la valeur individuelle.
La France nouvelle est toute entière dans la pratique et dans le respect du Travail. — Et remar-
quons-le : — ce n'est pas seulement l'ère nouvelle
d'une Nation que marque cette conquête, c'est une
ère nouvelle de l'Humanité.

On a voulu, par la Révolution, détruire la
France. La voilà couverte, contre toutes les atteintes, par la maille invulnérable du Travail, élevé à
la hauteur d'un devoir pour tous et d'une condition
de respect pour chacun. C'est cette élévation du
Travail au premier rang qui fera de l'influence française le point de mire de tous les travailleurs du
Monde : — aussi bien des esclaves de l'Asie que de
ceux de Manchester ; car le voyageur, qui aura vu
l'enfant du Peuple anglais, attaché jour et nuit sur
son métier, et qui verra l'enfant du Peuple fran-

çais travailler en chantant, pendant assez d'heures pour rester son maître, comprendra qu'entre un Peuple et l'autre, il y a un abîme que l'Égalité peut seule combler.

Ces éléments constitutifs de la Société moderne, et leur organisation, c'est à la Convention qu'en est due la conquête réelle : — l'ébauche de la France nouvelle est sortie de ses mains.

Élever tous les siens au titre de propriétaires de son sol,

Être la protectrice de l'indépendance de chaque Famille, et de chaque individu dans la Famille,

Être riche et forte par tous,

Rendre tous les siens riches et forts, ne leur refuser aucun des instruments qui procurent la Force et la Richesse,

Voilà désormais ce que veut la France et tout ce qui ne veut pas cela n'est pas la France.

Ces éléments en fusion sont arrivés au point de condensation désirable. Il ne manque plus, pour que cette condensation soit stable, que la volonté de Dieu et la main d'un de ces instruments, dont la Race puisse garantir à la France une longue jouissance de ses conquêtes et le droit d'en enrichir le Monde.

La volonté de Dieu ne fera point défaut à la France.

La Race est dans un homme, là, devant Toulon.

Cette Race est l'identification de la Propriété, de la Famille, de l'Armée, de l'Administration, de la Justice, de la Science et du Travail, uniques éléments de la Société moderne.

Mais pourquoi pas la Nation sans Chef?

Pourquoi pas l'homme sans tête, l'arbre sans cime, les Mondes sans Soleil?

La République est une impuissance.

C'est malgré la République, bien qu'en son nom, que la Convention a poursuivi son œuvre. — La forme républicaine imposée, quels désordres n'a-t-elle pas produits! Que de sang n'a-t-elle pas fait couler!

L'Oligarchie anglaise nous recommande le nom et la chose.

Que ne jouit-elle de l'un et de l'autre?

On verse le poison; on ne le boit pas.

Et, du reste, consultons la France nouvelle. Depuis qu'avec son Peuple qui lui est resté seul, elle s'est affirmée, telle que l'Avenir la verra se constituer, elle réagit contre le nom et contre la chose.

Il lui faut une identification Race, et elle tend ses mains vers Dieu dans le but de l'obtenir.

C'est en vain qu'on essaie d'établir le contraire à l'aide de funestes élucubrations : — la France est demeurée croyante, même dans la personne des membres du terrible comité !

IX

Un livre a été écrit dernièrement. — *Les Misérables* !

J'ai lu ce livre, monument de l'orgueil et de l'erreur d'un grand génie.

Et comme j'avais veillé sur ses pages, me demandant jusqu'où peut entraîner le culte de l'individualisme, révolté contre la loi même qui lui a permis d'être, contre la souveraineté de l'Unité ! — je m'endormis, au moment où l'évêque Myriel s'agenouille devant le conventionnel.

— Devant lequel d'abord ?

Ceux qui ont eu conscience de l'œuvre de la Convention n'ont pas survécu à la Convention.

Quand on a accepté d'être le bouc émissaire d'un Peuple, on se livre à la mort quand ce Peuple est sauvé.

Les conventionnels qui ont survécu à leur œuvre sont ceux qui ont voté la mort de Louis XVI, sans en calculer la portée.

Je comprendrais l'évêque pardonnant à ceux qui moururent.

Mais l'agenouiller devant les survivants, c'est un sacrilége ! —

Dans mon sommeil, j'entendis tout à coup un grand bruit de voix, et il me sembla que je rouvrais les yeux.

Une foule ignoble, la même qui s'était ruée derrière la charrette de Marie-Antoinette, la même qui avait dévoré le cœur de la princesse de Lamballe, la même qui avait coiffé Louis XVI du bonnet phrygien, celle qui a motivé tant de comptes à la charge de la dette anglaise, se ruait derrière un tombereau plein d'hommes mutilés et sanglants.

Robespierre et Saint-Just allaient à la mort.

Robespierre faisait tous ses efforts pour vaincre la douleur physique.

Saint-Just regardait le ciel.

Et il me sembla que Saint-Just baissait tout à coup la tête pour parler à celui qu'il appelait son maître.

J'écoutai. — J'entendais, malgré les vociférations

de la foule. — Le sommeil a de ces facultés
étranges :

— « Nous allons mourir, Robespierre. — Depuis
» que je suis dans ce tombereau, je me demande
» si nous pouvions vivre.

» Tu sais bien que je ne suis pas méchant, toi.
» — D'où vient donc que j'ai tant fait verser de
» sang ?

» Le Roi est mort d'un de mes discours, — le Roi
» de France ! — Et nous avons signé la con-
» damnation de bien des êtres humains. — Est-ce
» que tu ne vois pas tout ce sang, Robespierre ?

» Non, nous ne pouvions pas vivre après l'avoir
» versé.

» Est-ce notre faute, cependant, s'il a coulé ?

» Est-ce notre faute, si nous avons blasphémé
» Dieu, si nous avons frappé nos frères ?

» En conscience, je ne le crois pas, mais nous
» l'avons fait.

» Mourons !

» Nous sommes nés à une époque où ceux qui
» avaient mission de prêcher l'Évangile nous ont
» fait lire Voltaire et Rousseau, où ceux qui
» avaient mission de nous apprendre à respecter
» les Rois nous ont appris à les exécrer, où ceux
» qui avaient mission de faire l'ordre ont fait le
» chaos. — Est-ce notre faute ?

» Une chose nous fera pardonner, Robespierre,
» c'est qu'au sein de toutes les horreurs dont nous
» avons été les complices, nous avons aimé la
» France et nous avons aimé le Peuple.

» Ah ! si tu savais comme j'étais heureux et fier
» aux armées, sans autre mission que de guider
» le Peuple au salut de la France.

» Elle est sauvée ! Qu'aurions-nous fait, si nous
» avions vécu ?

« On déblaie avec des crimes, mais on est in-
» digne d'édifier sur le terrain qu'on a déblayé
» par de tels moyens. — Mourons ! »

La voiture avançait toujours au milieu des cris,
et Saint-Just devenait plus pâle.

« Écoute, Robespierre, ce n'est pas pour obéir à
» un simple mouvement de vanité que nous avons
» dit au Peuple : — « Adore l'Être suprême ? »

Je vis Robespierre faire un signe négatif.

« Nous avons reconnu que Dieu manquait au
» Peuple, et nous avons supplié Dieu de lui re-
» venir ? »

Je vis Robespierre faire un signe affirmatif.

« Est-ce que tu n'as pas éprouvé, ce jour-là,
» un sentiment semblable à celui que nous éprou-
» vions, tout enfants, quand nos mères nous fai-
» saient agenouiller devant l'autel couvert de

» fleurs, non loin de nos petites sœurs blanches
» qui chantaient leurs cantiques ? »

Une larme vint aux yeux sanglants de Robespierre.

« Ce n'est pas avec Rousseau, ce n'est pas avec
» Voltaire que nous allons nous trouver face à face,
» tout à l'heure ? — Si c'était avec le Dieu de
» l'autel et des cantiques, il nous rendrait nos
» mères et nos sœurs, lui.

« L'Être suprême donnant son fils. — Oh ! cela
» doit être vrai, Robespierre, et ce Dieu doit
» pardonner, pardonner et bénir, accueillir et ai-
» mer. »

Avec ceux de Saint-Just, les yeux de Robespierre se levèrent au ciel.

« Prions-le comme au temps des fleurs et de
« l'encens; prions-le ! »

— A ce moment une chose étrange se passa. A
l'une des fenêtres béantes sur les rues pleines de
hurlements, j'aperçus une angélique figure, celle
dont Victor Hugo a voulu esquisser les traits
ennoblis par la vieillesse :

C'était évêque Miollis encore prêtre.

Il pleurait sur les victimes entassées dans le
tombereau, sur le jeune tribun à la tête blonde et
bouclée, sur tous ces hommes qui allaient à Dieu,
chargés de la responsabilité de tant de crimes.

Tout à coup son visage s'illumina; ses yeux se remplirent de doux éclairs.

— « Vois donc, Robespierre, à cette fenêtre, » il y a un prêtre, un prêtre semblable à ceux qui » nous bénissaient en surplis blanc. C'est un brave » soldat du fils de Dieu, lui qui est resté quand » nous tuions. Il nous a vus; il nous conjure du » regard de revenir à son Dieu. Ah! Robespierre, » courbons la tête, que Jésus nous bénisse! — »Nous sommes à deux pas de l'échafaud. »

— Ils courbèrent la tête.

Miollis fit le signe de la croix.

Et dans ce moment il y eut de grands pardons qui s'échappèrent de la main de Dieu!

Un instant après bondissait, sous le couperet fatal, la tête de Saint-Just.

Alors je m'éveillai.

Qui sait si j'avais fait un rêve, ou si une mystérieuse vérité ne venait pas de m'être révélée?

— Un livre a été écrit dernièrement : — *les Misérables* !

C'est le monument de l'orgueil et de l'erreur d'un grand génie.

Le Peuple, ce n'est ni Jean Valjean, ni Marius.

C'est Richard Lenoir et Marceau.

X

Il y eut, un moment, où Dieu, après avoir prononcé le *fiat lux* qui débrouilla le chaos, jeta les
regards sur l'ensemble des éléments qui allaient
concourir à la formation de l'Univers.

Et quand il vit, sous la direction suprême de sa
volonté, les torrents de matières en fusion bondir,
en montagnes de flammes grésillantes, au contact
des ondes glacées; l'immensité des ténèbres envahie par des océans de clarté ; les Mondes, déjà
solides, rallier à leur gravitation les atmosphères;
bien que cette ébullition du chaos ne fût pas
l'harmonie encore, il ne pût s'empêcher de s'écrier :
— « Cela est bien ! »

Et les immensités répondirent à cette exclamation par le premier hosannah des Mondes.

J'ai regardé la Révolution française, et j'ai compris l'exclamation de Dieu devant la Création ébauchée.

LA LÉGENDE

I

Écoutez ! c'est la Légende de la quatrième Race ;
de la Race souveraine dans laquelle s'est identifiée la France égalitaire ; de la Race qui, avec le
Savoir et la Foi, fera de l'Égalité la grande Loi humaine, et sera, au nom de la France, l'analyse
incessante, de la grande synthèse Unité.

« Il est deux îles, dont un monde
» Sépare les deux océans,
» Et qui, de loin, dominent l'onde,
» Comme des têtes de géants.
» On devine, en voyant leurs cimes,
» Que Dieu les tira des abîmes

» Pour un formidable dessein ;
» Leur front de coups de foudre fume,
» Sur leurs flancs nus la mer écume,
» Des volcans grondent dans leur sein. »

Écoutez ! Le poète l'a dit : — Quand Dieu fait surgir des plaines mouvantes, deux rochers, dont l'un est fertile comme un paradis, l'autre désolé comme une tombe, et que, sur le premier de ces deux rochers, commence une existence merveilleuse qui va se terminer sur l'autre, c'est que Dieu a jugé cette existence tellement digne de l'attention des siècles qu'il a voulu lui tailler à part un oreiller de granit pour y naître, un calvaire de granit pour s'y éteindre.

> » La main qui, de ces noirs rivages,
> » Disposa les sites sauvages,
> » Et d'effroi les voulut couvrir,
> » Les fit si terrible, peut-être,
> » Pour que Bonaparte y pût naître,
> » Et Napoléon y mourir ! »

Écoutez ! C'est entre ces deux rochers que se déroule la Légende de la quatrième Race. Pour que cette Race ne poursuivît pas sa mission à la tête de la France, il faudrait que la pensée anglaise pût ordonner aux flots bleus de la Méditerranée et aux flots verts de l'Atlantique de submerger les deux îles, car tant qu'elles élèveront dans

l'espace leur front providentiel, la volonté de Dieu
brillera comme une étoile sur les destinées des
Napoléon.

> » Là fut son berceau ! — Là sa tombe ! »
> » Pour les siècles, c'en est assez.
> » Ces mots, qu'un monde naisse ou tombe,
> » Ne seront jamais effacés.
> » Sur ces îles, à l'aspect sombre,
> » Viendront, à l'appel de son ombre,
> » Tous les peuples de l'avenir ;
> » Les foudres qui frappent leurs crêtes,
> » Et leurs écueils et leurs tempêtes,
> » Ne sont plus que son souvenir ! »

Écoutez ! c'est la Légende de la quatrième Race
de la Race souveraine dans laquelle s'est identifiée la France égalitaire ; de la Race qui, avec le
Savoir et la Foi, fera de l'Égalité la grande Loi humaine, et sera, au nom de la France, l'analyse
incessante, de la grande synthèse Unité.

II

« On parlera de sa gloire,
» Sous le chaume bien longtemps.
» L'humble toit, dans cinquante ans,
» Ne connaîtra pas d'autre histoire.
» Là, viendront les villageois,
» Dire alors à quelque vieille :
» Par des récits d'autrefois,
» Mère, abrégez notre veille.
» Bien, dit-on, qu'il nous ait nui,
» Le Peuple encor le révère,
    » Oui, le révère.
» Parlez-nous de lui, grand'mère;
    » Parlez-nous de lui. »

Elles sont presque toutes emportées par le temps
les cinquante années, et l'humble toit ne connaît

pas d'autre Histoire : — les poètes sont des justi-
ciers et des prophètes ! — Les villageois se grou-
pent le soir, au retour du travail, pour écouter
l'aïeule centenaire ; on s'assied autour d'elle en
lui disant : — « Parlez-nous de lui, grand'mère ;
parlez-nous de lui ! »

« Ah dam ! — conte la vieille, — ce n'était ni
» le fils d'un richard, ni le fils d'un Prince : c'é-
» tait un de nous autres. Quand il a été l'Empereur,
» il y en a qui sont venus lui dire : — « Vous avez
» eu des aïeux Rois. » — Il leur a ri au nez comme
» un homme qui entend une grosse sottise, et, un
» jour qu'il dînait avec toutes les grosses têtes de
» l'Europe, il s'est mis à se vanter d'avoir été
» lieutenant d'artillerie, à une époque où les lieu-
» tenants, comme les soldats, avaient les pieds
» dans des sabots.

» Défunt mon mari m'a assuré que si Napoléon
» avait voulu vendre à l'Angleterre l'île dans la-
» quelle il est né, il aurait eu des monceaux d'or
» presque en sortant des écoles où il avait été élevé
» avec l'argent de la France. — Et la France
» a bien placé son argent ce jour-là, n'est-ce
» pas ? — Il repoussa les monceaux d'or pour re-
« venir dans le Pays où il avait trouvé l'instruction.
» Seul, il devait nourrir tous ses frères et sœurs :
» quatre garçons et pas mal de filles, plus sa

» mère, une brave femme qui lui recommandait,
» quand il a été plus tard aux Tuileries, de ne
» pas oublier de mettre quelque chose de côté.

» Tout ça se mit à travailler sous sa direction.
» Le matin, il réveillait ses frères pour leur ap-
» prendre à calculer, car il était très-fort sur
» les chiffres, et, le soir, il étudiait pour en sa-
» voir encore davantage. Il y a des négociants qui
» lui ont refusé leur fille en mariage parce qu'il
» était trop pauvre. Il en riait, le pauvre cher
» homme, et il apprenait toujours.

» C'est alors qu'a éclaté la Révolution en grand.
» Je dis en grand, parce qu'il y avait déjà long-
» temps qu'elle grouillait au fond de nos villes.
» Défunte Mme la Comtesse nous disait bien sou-
» vent, quand nous allions au château : — « Mes
» amis, vous verrez des choses horribles. » — Et
» nous les avons vues. Tous ceux qui pouvaient
» défendre la tranquillité d'un chacun et le sol de
» la France s'en sont sauvés chez l'ennemi pour
» revenir avec ses soldats, laissant la culture à
» l'abandon et les choses à l'envers. Nous autres
» pauvres nous avons donné tout ce que nous
» avions pour sauver la France, et la France a
» dit : — « Puisque vous êtes seuls pour me sau-
» ver, je serai à vous seuls. » — Et elle nous a
» donné à tous le droit d'avoir un morceau de sa

» terre, si bien que j'ai labouré mon lopin, pen-
» dant que mon mari se battait pour le défendre.
» Les émigrés avaient emmené, en partant, jus-
» qu'au bon Dieu. Nous l'avons invoqué tout bas
» dans les campagnes, et le bon Dieu est revenu
» chez nous.

   » C'est alors que Napoléon et ses frères ont dit : —
« C'est pas tout ça. La France nous a éduqués
» et accueillis. Faut se battre pour elle. » — Lui,
» se trouvant à Paris, quand le Roi était injurié
» par des furieux, avait bien eu l'idée de se pro-
» poser pour faire leur affaire ; mais, s'il était en-
» tré dans le Palais, on l'eut étranglé ou mis à la
» porte. Il s'en alla aux armées comme nous, car
» cet homme-là, voyez-vous, ça toujours été
» nous, et quand nous désirions une chose, elle
» était, tout de go, faite par lui. Feu mon mari
» m'avait assuré que, quand l'Empereur passait,
» on sentait qu'on s'en allait dans lui. Je ne le vou-
» lais point croire. Quand je l'ai vu, moi, plus tard,
» j'ai bien senti que mon pauvre vieux avait eu
» raison et que mon cœur partait avec Napoléon.

   » Au bout de peu de temps, il était comman-
» dant, comme l'est le fils à Thomas, qu'a été en
» Italie avec le nouveau, et qu'est parti d'ici en
» blouse, il y a douze ans. — Des miracles, quoi !
» et toujours en mémoire de l'autre. — Toute la

» France se battait contre les étrangers, qui vou-
» laient à toute force nous reprendre le lopin de
» terre que nous avions payé de notre bel et bon
» argent Mais s'il y avait des cœurs et des bras,
» il n'y avait pas une forte tête, et une forte tête,
» voyez-vous, c'est ce qu'il faut aux pays pour être
» forts. Ces gredins d'Anglais, qui nous en veu-
» lent toujours, avaient agrippé Toulon, notre
» port de guerre, sur une grande mer qu'est notre
» propriété, et ils le gardaient : — ils gardent
» toujours. — L'armée française, comme de juste,
» voulait le leur reprendre, et tous les généraux
» étaient à se dire : — « Faut faire ci ! faut faire
» ça ! » — Lui, sort tout pâlot des rangs et dit aux
» généraux : — « C'est ni ci, ni ça ; c'est là qu'est
» Toulon ! » — Et Toulon était où il l'avait vu :
» il le reprit au nom de la France ! »

Les villageois applaudissent : —

A l'enfant providentiel, né pauvre et ne grandissant que grâce à l'adoption de la France.

Le penseur se demande, lui, pourquoi il est né
sur un tapis représentant une page de l'Iliade.
Que leur importe, à eux ?

Ces villageois le suivent des yeux à Brienne et
ils l'y sentent Peuple,

Devant la grille des Tuileries, en Juin et ils comprennent qu'ils auraient pensé ce qu'il pensa alors,

Dans l'humble chambre où il instruisait ses frères,

Devant Toulon, où il se trouva, pour la première fois, face à face avec l'Angleterre, et où, pour la première fois aussi, l'Oligarchie anglaise recule devant l'homme du destin, après avoir incendié nos arsenaux.

Voulait-elle autre chose ?

Les hommes, revenus en blouse et en veste du travail, applaudissent, eux qui sont bien la France, eux qui le sentent déjà être la France devant Toulon.

On presse l'aïeule de questions nouvelles. On veut apprendre, de sa voix chevrotante, comment il a été la France à Montereau après l'avoir été à Austerlitz. — L'infortune a achevé de lui donner tous les cœurs. — Il pouvait rester Empereur en subissant notre humiliation ; il a préféré être le Prométhée des Rois.

Ah ! parlez ! parlez ! pauvre vieille champenoise. Nul Tacite n'effacera de la mémoire de la France ce que vous aurez dit : parlez !

« J'ai faim, dit-il ; et, bien vite,
» Je sers piquette et pain bis ;
» Puis il sèche ses habits,
» Même à dormir le feu l'invite.
» Au réveil, voyant mes pleurs,

» Il me dit : Bonne espérance !
» Je cours, de tous ses malheurs,
» Sous Paris, venger la France.
» Il part, et comme un trésor
» J'ai, depuis, gardé son verre,
    » Gardé son verre.
» — Vous l'avez encor, grand'mère !
    » Vous l'avez encor ! »

« C'est là qu'est Toulon ! » — Dans ces quelques
mots, il y a la honte de l'Oligarchie anglaise et le
salut de la France. La honte de l'Oligarchie anglaise avec l'anéantissement de ses espérances, la gloire de la France avec la condamnation du dix-huitième siècle, dans l'homme qui
léguera au dix-neuvième un Peuple français régénéré.

Exécration sur le dix-huitième siècle, a dit
Victor Hugo :

« Époque qui gardas, de vin, de sang rougie,
» Même en agonisant, l'allure de l'orgie !

» O dix-huitième siècle, impie et châtié !
» Société sans Dieu, qui par Dieu fut frappée !
» Qui, brisant sous la hache et le sceptre et l'épée,
» Jeune offensas l'amour, et vieille la pitié ! »

La voilà commencée la grande réaction du Peuple en faveur de l'Unité conquise par trois Races, menacée par Louis XV, compromise sous Louis XVI, presque agonisante avant que le Comité de Salut-Public eût fonctionné.

Les hommes qui ont commencé cette réaction sont morts.

L'homme, qui va l'identifier, a repris Toulon sur l'Anglais.

Quelques années encore, et vous le reconnaîtrez à ses coups, dont le moindre aura une signification anti-révolutionnaire, si par Révolution on entend recul, mais révolutionnaire, si par Révolution on entend Progrès.

Le canon tonne à Saint-Roch.

Où est la Convention aux quatorze armées ?

Dans un seul homme.

Bonaparte paraît ; c'est la Convention vivante !

L'Angleterre est vaincue à Paris comme à Toulon ; le canon Idée vient de l'emporter sur les soudoyés de l'égoïsme.

Que faire de ce canon ?

Le braquer sur l'Europe, afin que son retentis-
sement apprenne au Monde la vérité sur la lutte
engagée.

La Révolution-désordre, c'est l'Angleterre et
ses mercenaires qui la représentent.

Le Progrès organisé, c'est la France et son
Peuple qui en sont les propagateurs providen-
tiels et qui s'écrient :

« En Italie, Bonaparte ! — étonne l'Occident ! »

« En Egypte, Bonaparte ! — subjugue l'Orient ! »

Il descend des Alpes avec nos conscrits, le
général pâle et prédestiné, ayant dans sa poche
le plan de Carnot et dans sa tête le plan de la
France.

En avant !

De Montenotte à Campo-Formio, il y a dix épopées.

Mais ce qu'il y a de plus grand, c'est le Pape,
entrevu par le futur Empereur.

A Tolentino, la France revoit le Dieu dont elle
est l'épée.

C'est la première fois, depuis le ministère de
Dubois.

Les flots attendent César et sa fortune : — Malte
se donne ; les Pyramides le contemplent ; Saint-
Jean-d'Acre l'arrête !

Car ce n'est pas l'Orient qui doit être son Empire.
— c'est l'Occident.

Bonaparte s'assied aux confins de l'Europe et songe.

Une voix descend du Sinaï vers son oreille et lui dit : — « Tu es la France ! »

Le jeune conquérant éprouve alors au cœur une émotion cruelle. Ce que la France souffre, il le souffrira désormais, maintenant que la France est en lui.

Qu'éprouve-t-elle en ce moment?

La pensée anglaise n'a pas tardé à reconnaître que, sur le terrain du cataclysme, l'Oligarchie est vaincue. Où elle a rêvé des abîmes, des cimes ont surgi.

Ce qu'elle rêve maintenant, c'est l'affaissement de ces cimes.

Elle a perdu la troisième Race, croyant perdre la France, et la France a grandi. Il s'agit de replacer la Race tombée à la tête de la France grandie, afin de paralyser au moins cette grandeur.

Tous les efforts de l'Angleterre tendent à cela; et malheureusement, les hommes qui gouvernent la France après le Comité de Salut Public sont indignes de la combattre.

La France souffre et tend les bras vers l'Orient :

— « A moi mon général prédestiné ! »

« Me voilà ! »

Est-ce que l'on refuserait de voir la main de la Providence reconduisant le jeune héros d'Aboukir à Fréjus, au moment où la France est sur le point d'être poignardée à Paris, envahie aux frontières?

Il ne lui faut qu'un coup-d'œil, à Lui qui est Elle, pour se faire une volonté; à Lui, qui a son lopin de propriété rue Chantereine, comme le paysan dans sa province, à Lui, qui est la Science française avec l'Institut; à Lui, qui est l'Armée; à Lui, qui est le Législateur par Lucien ; à Lui, qui est tout ce que sont les enfants de la France.

Sa volonté se résume en ceci : — donner une clé de voûte à l'édifice nouveau; être cette clé de voûte, puisque Dieu lui a crié : — « Sois-là ! »

Mais il y a les Anciens;

Mais il y a les Cinq-Cents;

Mais il y a les héritiers de la Révolution-désordre qui ne veulent point avoir travaillé pour la Révolution-Progrès.

La main de Bonaparte, qui est la main de la France, les prend comme des nains au sommet dont ils sont indignes, et les jette dans l'ombre.

Cela s'appelle le dix-huit Brumaire et la condamnation à mort du dix-huitième siècle.

Cela s'appelle la condensation des éléments brassés dans la fournaise conventionnelle,

La réaction contre les indignités de Louis XV, contre les consciencieuses faiblesses de Louis XVI, contre les trahisons de la Noblesse, du Clergé, de la Bourgeoisie, cela s'appelle la réaction au nom du Peuple.

Le banquet des Philosophes est terminé.

> « Table d'un long festin qu'un échafaud termine !
> » Monde, aveugle pour Christ, que Satan illumine !
> » Honte à tes écrivains devant les Nations !
> » L'ombre de tes forfaits est dans leur renommée,
> » Comme d'une chaudière, il sort une fumée,
> » Leur sombre gloire sort des révolutions. »

Victor Hugo l'a dit : — Exécration sur le dix-huitième siècle !

Dix-huit Brumaire ! Cette date est la honte de l'Oligarchie anglaise et le salut de la France. La honte de l'Oligarchie anglaise, avec l'anéantissement de ses espérances, la gloire de la France, avec la condamnation du dix-huitième siècle, dans l'homme qui léguera au dix-neuvième le Peuple français régénéré.

IV

« Près du rouet de sa fille chérie,
» Le vieux sergent se distrait de ses maux,
» Et d'une main que la balle a meurtrie
» Berce en riant deux petits-fils jumeaux.
» Assis tranquille autour du toit champêtre,
» Son seul refuge après tant de combats,
» Il dit parfois : ce n'est pas tout de naître;
» Dieu, mes enfants, vous donne un beau trépas! »

Il est revenu de la conquête du Monde, le soldat
que le soleil d'Égypte avait bronzé. Il se connaît
en trépas sublimes : il a reçu Desaix dans ses
bras, Desaix qui a compris que la France était
dans Bonaparte, et qui est mort en s'écriant . —
« Allez dire au premier Consul que je meurs

» avec le regret de ne pas avoir assez fait pour sa
» gloire et pour son service ! »

Et le vieux soldat, qui a entendu cela, élève
ses deux petits jumeaux dans l'amour du nom de
l'homme pour lequel Desaix regrettait de mourir.

C'est qu'en attendant Marengo, et après avoir
disputé son général aux poignards, le vieux soldat
a assisté, l'arme au bras, à toutes les merveilles
administratives du Consulat dont ses frères les la-
boureurs et les ouvriers ont recueilli tant de bienfaits. Il a vu superposer, une à une, par la main du
vainqueur des Pyramides, toutes les pierres dé-
grossies et taillées par les conventionnels, et il s'est
extasié devant l'édifice faisant, à la fois, du Peuple,
l'assise et le couronnement de la Nation.

Les descendants de la troisième Race regardent
de loin s'élever cet édifice;

Les républicains le contemplent de près.

Les uns et les autres devraient comprendre,
s'ils é!aient de bonne foi, qu'il est désormais inha-
bitable pour leurs illusions.

Les premiers, n'étant pas là, quand on l'a cons-
truit, n'ont pu s'y réserver une place.

Les seconds, incapables de se servir des éléments que leurs chefs ont brassés, n'ont qu'à s'incliner devant la volonté plus habile qui, de ces
éléments, sait former la France nouvelle.

Mais l'Oligarchie anglaise?

Un espoir lui reste : — corrompre Bonaparte ou le tuer.

Elle signera une paix momentanée; elle dira à toutes les Nations : — « Ma caisse est fermée. » — Elle feindra de restituer tout ce qu'elle a pris sur les mers; et, dans l'ombre, elle tentera le héros en lui faisant proposer l'épée de connétable, tout en favorisant Cadoudal, tout en laissant bourrer les tubes la machine infernale, tout en disant aux princes émigrés : — « L'heure est venue de vous rapprocher de la France. »

Les tentateurs échoueront.

Dieu fera justice des assassins.

Et, pendant ce temps, la France criera au Premier Consul :

— « Je suis à toi pour la vie ! » —

Elle le lui criera par toutes ses voix : — le suffrage universel est né.

Oh ! alors, l'Oligarchie anglaise rugira et dira à l'Europe :

— « Voici de l'or ! Aux armes ! Sus encore à la France !

» A la France que la paix enrichit, quand elle devrait la ruiner;

» A la France, dont cet homme est à la fois la tête, le bras, l'épée, l'âme et le cœur;

» A la France, dont il est l'Industrie, dont il est
le Commerce, dont il est l'Agriculture;

» A la France qui, étant, avec lui, l'Egalité vivante, va donner aux Nations la soif de cette
Égalité !

« Sus à elle ! »

Insensée, cette Oligarchie ! — Elle va révéler à
la France la pensée que la France sent germer
dans son esprit, depuis qu'elle se reconnaît au
pouvoir dans le Premier Consul.

A des menaces perpétuelles, il faut opposer une
perpétuelle force. A une perpétuelle mission, il
faut un homme qui se survive à lui-même; un
pouvoir qui soit souverain.

Et le cri de : — « Vive l'Empereur ! » — retentira, pour la première fois, en France, depuis Charlemagne.

La quatrième Race sera faite.

Insensée, l'Angleterre qui a oublié Marengo !

Ils ne l'ont pas oublié les soldats d'Italie, les
soldats d'Égypte, les soldats Peuple du général-
Peuple !

Ils ont encore dans la mémoire les derniers
mots de Desaix :

— « Allez dire au premier Consul que je meurs
» avec le regret de ne point avoir assez fait pour
» sa gloire et pour son service. »

Ce qu'il n'a pu faire, ils le feront.

Et quand ils l'auront fait, de retour sous le vieux
noyer paternel, ils chanteront à leurs petits-fils : —

« De quel éclat brillaient dans la bataille
» Ces habits bleus par la victoire usés !
» La Liberté mêlait à la mitraille
» Des fers rompus et des sceptres brisés.
» Les Nations, reines par nos conquêtes,
» Ceignaient de fleurs le front de nos soldats.
» Heureux celui qui mourut dans ces fêtes !
» Dieu, mes enfants, vous donne un beau trépas ! »

V

J'ai dit qu'à Tolentino, Bonaparte-Peuple s'était trouvé, pour la première fois, devant la Papauté, et que cette rencontre avait été le point culminant de la merveilleuse campagne d'Italie,

Devant la Papauté, identification du Monde chrétien, comme lui, Bonaparte, il était déjà celle de la France égalitaire.

Et il lui avait semblé alors entendre, dans les temps, la grande voix lyrique du siècle nouveau :

« Peuples, vous ignorez ce Dieu qui vous fit naître,
» Et pourtant vos regards le peuvent reconnaître,
» Dans vos biens, dans vos maux, à toute heure, en tout lieu;
» Un Dieu compte vos jours, un Dieu règne en vos fêtes,
    » Lorsqu'un chef vous mène aux conquêtes,
» Le bras qui vous entraîne est poussé par un Dieu ! »

Le Premier Consul se souvint.

Il se souvint comme homme, comme Peuple, comme Race souveraine encore dans les langes de l'inconnu.

Dans ce souvenir, je vois la preuve irréfutable de sa désignation par la Providence pour remplir le rôle qu'elle lui avait assigné.

Ce qui caractérise une Race souveraine et complète son droit, c'est l'acceptation entière de l'héritage des Races qui l'ont précédée, en même temps que l'identification, en elle, de toutes les aspirations du Peuple, tendant à ce que cet héritage soit augmenté dans le sens de l'Avenir.

L'héritage des Mérowingiens, des Carlowingiens, des Capétiens, la première pensée du Premier Consul a été de l'accepter pour sa gloire à lui, mais surtout pour la gloire et le bonheur de la France.

Qu'était cet héritage, du reste, sinon la base des conquêtes faites sur la Révolution par la réaction populaire ?

Eh bien ! de tous les droits légués par ces trois Races à la quatrième, le plus important et le plus beau, c'est le droit d'être, avec les Francs armés, debout, à la droite de l'Église, et de répandre, sur le Monde, l'Égalité politique, sous l'aile blanche et pleine de rayons de l'Égalité spirituelle.

L'Unité universelle ne peut être que le résultat
de cette alliance.

Laissons les petits enfants remercier, à genoux
sur leur berceau, l'homme qui a compris que, dans
l'ombre, les mères les agenouillaient ainsi pour
rappeler le bon Jésus.

Laissons les jeunes filles et les jeunes garçons
se vêtir de leurs habits de fête, au son de la douce
cloche revenue, en bénissant l'homme qui a compris que la fiancée française a besoin, au jour de
ses noces, d'autre chose que des accents de la loi,
et que le fiancé, se rappelant la couronne et la fleur
d'oranger, est doublement l'appui de celle qui est
venue se jeter dans ses bras, en robe blanche,
après avoir communié.

Laissons les mères, oh ! surtout les mères, envoyer leurs actions de grâces au Ciel, pour l'homme
qui a compris que la famille a besoin de l'autel
pour s'y appuyer aux jours difficiles, du cierge pour
prier en faveur de l'enfant malade, des dragées
bénies du baptème, du catéchisme humble, du
pasteur doux, et que, sans tout cela, sans la messe
célébrée, sans les processions françaises, sans la
grande nef silencieuse où le cœur s'épanche, les
épouses ne savent plus où aller puiser du courage,
où aller se retremper pour la grande lutte de la
vertu.

Laissons l'homme bénir le Chef qui a compris que la Religion était, pour le travailleur, la garantie de la bénédiction de Dieu dans les siens, la sauvegarde de l'honneur de sa compagne ou de ses filles, abandonnées, pendant qu'il lutte, à toutes les tentations contre lesquelles il n'y a pas d'autre défenseur que l'ange gardien. Laissons l'homme bénir le Chef qui a compris qu'une Société à l'image de Voltaire ne serait qu'un éternel grincement de dents, lendemain des orgies folles auxquelles iraient aboutir toutes les virginités flétries et désespérées.

Laissons les vieillards murmurer un cantique de reconnaissance pour le héros qui a permis qu'à leur dernière heure, ils pussent voir Dieu revenir, par l'humble porte, dans le ciboire d'or attendu. Le spiritualisme, accourant, au nom de l'immortalité, disputer l'être à la mort, n'est-ce pas l'Égalité elle-même sanctionnée d'ordre divin, et tous les philosophes, qui ont provoqué le grand bouleversement, ont-ils eu à offrir au Peuple une aussi grande preuve de la légitimité des droits de l'homme que celle donnée aux masses par Bonaparte, dans la personne de Dieu lui-même, accueillant dans ses bras le plus pauvre comme le plus riche ?

Mais, encore une fois, laissons cela.

Ne parlons ni de la Poésie, ni de l'Art, ni de la vraie Philosophie, ni des grands exemples, ni des spectacles sublimes rentrés avec Dieu dans les temples.

Admettons que la Religion n'est qu'une plaisanterie, Dieu une chose bonne pour les enfants et les femmes, le Catholicisme une force usurpée.

Quand nous aurons admis cela, les faits ne nous obligeront-ils pas à admettre, quand même, en opposition avec la raison :

Que cette Religion, prétendue plaisanterie est la seule universalité indiscutée par la majorité du Monde;

Que le Dieu des enfants et des femmes devient celui des hommes, quand les femmes et les enfants leur parlent au nom du Ciel;

Que cette force usurpée est la seule clé de voûte des conquêtes spirituelles de l'Humanité, de même que la Monarchie est la seule clé de voûte de ses conquêtes sociales ?

Ceux qui veulent que la France renonce brusquement au droit d'être l'épée de cette Religion, de ce Dieu, de cette force, renonceraient-ils à la propriété d'un château et d'un parc immense qui leur auraient été légués par leur père, sous prétexte que le château est trop beau, le parc trop grand, le rapport trop abondant ?

Or, cette **Papauté**, que la France garde l'épée à la main, depuis Clovis, qu'est-elle, sinon la grandeur, la beauté, le trésor synthétique de l'intelligence humaine, même en admettant que la raison soit dans le vrai, lorsqu'elle révoque en doute la palpabilité de cette grandeur, de cette beauté, de cette richesse, dont il lui est, cependant, impossible de nier l'existence ?

Et pourquoi, du reste, renoncer au droit de Clovis, de Charlemagne et de saint Louis ?

Pour qu'immédiatement d'autres s'en emparent ? Pour que l'Oligarchie anglaise, elle-même, aille implorer, à genoux, ce droit, auprès de l'homme qui le lui refuse, parce qu'il sait bien que Dieu ne veut pas que ce droit sorte des mains de la France ?

L'épée impériale dans la lumière de la Croix, c'est la royauté de la France établie sur les Nations.

Qu'est-ce que la raison anglicane donnerait à la France en échange ?

La raison anglicane usurperait l'exercice du droit unitaire, et l'Oligarchie anglaise aurait enfin arraché à la France cette autorité, en vertu de laquelle l'Avenir s'ouvre devant nous.

Le Premier Consul a senti en lui le Peuple lui crier : — « Garde ce droit ! » —

Et tirant du fourreau l'épée d'Aboukir, il a dit :

— « Saint-Père, bénissez-la ! » —

À cette prière, tous les clochers de France ont éclaté en fanfares joyeuses ; la pauvre petite croix de fer, qui est le drapeau des âmes comme l'aigle est le drapeau des cœurs, a brillé ainsi qu'une étoile dans l'azur ; le pardon s'est échappé des églises rouvertes et a couru aux frontières dire aux émigrés : — « Le Pays vous rappelle ! » — Et il y a eu le soir, au cou du Premier Consul, les bras de Joséphine et d'Hortense, sur son visage les larmes de ces deux anges, pendant que les soldats bronzés, jurant des lèvres mais pleurant des yeux, sentaient leur être se fondre en un ineffable sentiment, sur le passage des files de bannières, des groupes de jeunes vierges couronnées de fleurs blanches, des croix d'or, des chants bénis.

Ils ont leur Religion à Londres, et ils ne voulaient pas que nous eussions la nôtre. — Il faut être aveugle pour n'en point deviner la raison.

La croix revenue, ne serait-ce que la Poésie de retour, il la faudrait bénir.

Mais c'est l'éducation de l'enfant, la pudeur de la jeune fille, la vertu de l'épouse, la résignation de la mère, le courage de tous ; c'est la Poésie, l'Art, le Grand, le Beau ;

C'est, pour la France, le titre et le rang de première des Nations.

Salut à Dieu !

Au Dieu de nos pères. — Il est là, parmi nous, le poète le dit :

« Eh bien! il est quelqu'un dans ce monde où nous sommes,
» Qui tout le jour aussi marche parmi les hommes,
» Servant et consolant, à toute heure, en tout lieu,
» Un bon pasteur qui suit sa brebis égarée,
» Un pèlerin qui va de contrée en contrée :
» Ce passant, ce pasteur, ce pèlerin, c'est Dieu! »

Et nous l'avions laissé sans autels.

Louis XV lui avait dit au nom de la Monarchie : — « Va-t'en! » —

Rohan lui avait dit au nom du Clergé : — « Va-t'en! » —

Voltaire lui avait dit au nom de la Bourgeoisie : — « Va-t'en! » —

Et Dieu était parti en tête des armées de la France, les guidant à la victoire.

Bonaparte lui a dit, au nom du Peuple agenouillé : — « Reviens, mon Dieu! » —

La France et la Papauté se sont embrassées.

L'étincelle qui jaillit de ce baiser doit éclairer l'Avenir!

VI

« Depuis les Alpes , je vous sers.
  » Je me mis jeune en route :
» A quatorze ans, dans les déserts ,
  » Je vous portais la goutte.
» Puis j'entrai dans Vienne un matin ,
» Tin tin , tin tin , tin tin, r'lin tin tin;
  » Puis j'entrai dans Vienne un matin;
    » Soldats, voilà Catin ! »

Aux fenêtres, Peuples du monde ! Allemands ,
Italiens, Espagnols, Russes, Anglais, Suédois !
aux fenêtres !

La France-Régiment va passer sous vos yeux ,
et vous comprendrez que la France, c'est l'Égalité
qui marche par l'Europe, derrière Napoléon, comme,

étant la Féodalité, elle a marché derrière Charlemagne.

Ce chant joyeux, c'est le chant de sa fille la
cantinière, — la sœur de charité armée, — ayant
au côté, dans un petit tonneau, la liqueur de son
soleil pour les fatigués et pour les mourants.

Elle ne s'inquiète pas des obstacles. — Voyez
comme elle est sûre d'arriver.— Que ce soit dans
la mitraille ou sur la grande route, elle va :

« Soldats, voilà Catin ! »

La France-Régiment va passer sous vos yeux,
et vous comprendrez que la France, c'est l'Égalité qui marche par l'Europe, derrière Napoléon,
comme, étant la Féodalité, elle a marché derrière
Charlemagne.

La Patrie n'est plus en danger · — elle est en
mission.

Ce n'est plus le torrent qui déborde; c'est le
fleuve qui arrose.

Le fleuve dont la source est Pharamond.

En effet, voici les Francs de Mérovée, avec leur
longue barbe et leur framée sur l'épaule. Comme
la première Race, les sapeurs ouvrent la marche,
déblaient le chemin, font l'espace. Eux aussi ne
s'inquiètent pas de l'obstacle : — ils vont!

Le tambour-major, ce côté pittoresque et coquet de la Patrie. Il baissera la tête pour passer sous les arcs-de-triomphe, c'est vrai ; mais, au bruit du canon, il ne la baissera pas, — Voilà comment la France est fanfaronne.

Puis les tambours carlowingiens. — La renommée de la Race civilisatrice, disant à tous : — « Place à la France ! »

Puis l'harmonie capétienne : — l'ardente fanfare de Marignan.

Enfin l'état-major Napoléonien.

Ce jeune homme, c'est le colonel. — Le fils d'un tisserand.

Cet autre, c'est le lieutenant-colonel. — Le fils d'un notaire.

Quand le fils du tisserand parle au fils du notaire, ce dernier s'incline.

Mais quand il parle au capitaine des grenadiers, — le neveu d'un maréchal de France, — le neveu du maréchal de France porte la main à son shako.

Les grenadiers, — le centre, — les voltigeurs,

Aux deux extrémités, l'élite ; au milieu, les faibles de la famille.

Pas une distinction entre tous qui ne soit l'œuvre du mérite, du dévoûment, de l'obéissance au droit.

Il y a dans ces rangs un Latour d'Auvergne : — il porte un fusil.

Le fourrier de la première compagnie de voltigeurs peut dire : — « toi! » — au fils adoptif de l'Empereur, à un Beauharnais.

Il dit : — « vous » — au sergent

Le droit de mérite ou le droit d'ancienneté au-dessus de tout.

Napoléon passe et s'arrête : — la France-Empereur !

Ce n'est pas le colonel qu'il salue d'abord, c'est l'Aigle, l'Aigle d'or, planant au-dessus de la ligne qui vient de se former.

Le drapeau, ce n'est ni le colonel, ni le soldat, c'est tous !

Les tambours battent aux champs; la musique éclate; les fusils se présentent comme un seul fusil.

Un corps unique semble avoir répondu au salut de la France.

Et la France-Empereur s'approche; elle parle au plus vieux; elle le nomme; elle le connaît, elle ne l'a jamais perdu de vue; elle le suivra dans ses foyers, s'il y retourne; elle priera sur lui, s'il tombe.

« — Eh bien ! mon vieil ami, es-tu content ?

» — Oui, Sire.

» — Pourquoi?

» — Vous êtes vainqueur !

» — Penses-tu à ton village ?

» — Je regarde le drapeau , c'est mon clocher
» qui marche !

» — Sais-tu où nous allons ?

» — Délivrer le monde...

» — En avant, mes braves !

» — Vive l'Empereur ! »

La ligne s'ébranle , les tambours reprennent le
pas, la fanfare les imite, et, de rang en rang, légère , alerte, fière, elle court, la porteuse de
flamme, la mère et la sœur du soldat :

> « On entre à Vien' demain matin :
>> » Soldats , voilà Catin ! »

Et les Peuples, auxquels se mêle, le soir, le Régiment au repos le pressent de mille questions. Il
répond à toutes par ses mille voix qui n'en forment
qu'une. Ce n'est pas de l'or qu'il vient offrir, le
Régiment bleu, comme l'a fait le Régiment rouge ;
c'est l'Idée !

Aussi quel accueil! Aussi quels souvenirs lais-
sés !

L'ouragan fondra sur ce Régiment et le renver-
sera ; la terre l'engloutira ; mais partout où il aura
passé, il aura semé.

Venez quarante ans après : — la récolte sera mûre !

Aux fenêtres, Peuples du monde! Allemands, Italiens, Espagnols, Russes, Anglais, Suédois, aux fenêtres !

La France–Régiment va passer sous vos yeux et vous comprendrez que la France, c'est l'Égalité qui marche par l'Europe, derrière Napoléon, comme étant la Féodalité, elle a marché derrière Charle‑magne.

Ce chant joyeux, c'est le chant de sa fille la cantinière, la sœur de charité armée, ayant au côté, dans un petit tonneau, la liqueur de son soleil pour les fatigués et pour les mourants.

> « Si je vois de nos vieux guerriers,
> » Pâlis par la souffrance,
> » Qui n'ont plus, malgré leurs lauriers,
> » De quoi boire à la France,
> » Je refleuris encor leur teint :
> » Tin tin, tin tin, tin tin, r'lin tin tin ;
> » Je refleuris encor leur teint :
> » Soldats, voilà Catin ! »

VII

« Vive l'Empereur! » — a crié la France.

« Vive l'Empereur! » — a crié le vicaire de Dieu.

Le jeune Corse, l'élève de Brienne, le commandant d'artillerie, le général des Pyramides, le
vainqueur de Marengo, Bonaparte enfin, est devenu :

Napoléon!

Désormais et grâce à Lui, ô France!

« Votre aile en un moment, touche, à sa fantaisie,
» L'Afrique par Cadix et par Moscou l'Asie.
» Vous chassez en courant Anglais, Russe, Germain ;
» Les tours croulent devant vos trompettes fatales ;
 » Et de toutes les capitales
 » Vos drapeaux savent le chemin. »

Avec le Régiment dont je viens d'entendre battre les tambours, la France, redevenue la Nation Impériale, va reprendre son action inspiratrice sur l'Occident; elle va le faire à son image.

Le Peuple, directement, a créé l'Empire; Dieu, directement, l'a béni et Napoléon a défini le rôle de sa Race en disant sur les premières marches du Trône : —

« Mon esprit ne serait plus avec ma postérité, » le jour où elle cesserait de mériter l'amour et la » confiance de la grande Nation. »

Un pas immense a été fait qui prouve que la France impériale est la France majeure. L'hérédité pour être légitime doit avoir deux caractères : — il faut que la Race se perpétue, non-seulement comme sang, mais comme pensée, car l'élection par l'universalité des citoyens reste l'arbitre de ses destinées.

Je démontrerai plus tard l'impossibilité où sont ses adversaires de révoquer en doute la légitimité de l'Empire, au double point de vue providentiel et social, et combien il est insensé de refuser de comprendre qu'en dehors de lui, puisse être la France moderne.

La Légende m'entraîne.

Sur ce Trône et autour de ce Trône qui vient

de s'élever, des Princes, des Ducs, des hommes couverts d'or comme autrefois ?

Non.

Des Princes-Peuple, des Ducs-Peuple, des Maréchaux-Peuple !

Des parvenus de la Gloire et du Travail, dont le plus riche, comme le plus brave, laisse pour tout droit héréditaire aux siens les paroles de l'Empereur :—

« Mon esprit ne serait plus avec ma postérité, » le jour où elle cesserait de mériter l'amour et la » confiance de la grande Nation. »

L'Égalité couronnée s'est ainsi définie :

— Accessibilité du premier rang à tous, dans l'intérêt de tous.

Est-il, du reste, un seul de ces hommes dont le nom ne dise pas ce qu'a dit l'Empereur ?

—Jourdan, Masséna, Augereau, Brune, Berthier, Lannes, Ney, Murat, Bessières, Moncey, Mortier, Soult, Davoust, Bernadotte, Kellermann, Lefebvre, Pérignon, Serrurier !

Qu'un éblouissement s'empare un jour des principaux ; qu'ils oublient leur origine ; qu'ils oublient leur inséparabilité de la Racenouvelle, et tout ce qu'ils feront sera d'avance marqué par Dieu et par le Peuple au sceau de l'impuissance,

Et quelle famille !

Joséphine pour femme, c'est-à-dire, dans un

seul être dont la beauté reflète le ciel, toutes les grâces, toutes les vertus, toutes les générosités, tous les enthousiasmes, toutes les poésies, tous les arts, tout l'esprit de la France.

Hortense et Eugène :

L'ange et l'épée d'adoption.

Pourquoi, à ce point culminant de sa carrière, ne peut-il s'arrêter, l'Empereur? Pourquoi faut-il qu'il doive ajouter des batailles aux batailles, et que, pour répondre aux agressions de l'Oligarchie anglaise, il transforme l'Europe, en acquérant tant de gloire qu'il finira par éprouver à son tour le mal du génie triomphateur :

— L'éblouissement !—

Quoi de plus sublime ! quoi de plus français ! quoi de plus saintement, de plus noblement légitime que cette acclamation impériale qui rend la France à Dieu et assure la stabilité des conquêtes de quatorze siècles, en rassemblant sur une seule tête l'héritage de soixante rois !

Quoi d'égal à ce sacre par le vicaire de Dieu !

Quoi de semblable, le lendemain du sacre, à l'Institution de la légion de l'Égalité.

Je dirai plus tard ce que c'est que la Noblesse impériale et pourquoi il est nécessaire qu'elle soit.

En douze vers le poète en divinise le signe et le signe reste divin :

« Croix de Napoléon ! joyau guerrier ! pensée !
» Couronne de lauriers de rayons traversée !
» Quand il menait ses preux aux combats acharnés.
» Il la laissait, afin de conquérir la terre,
» Pendre sur tous les fronts durant toute la guerre.
» Puis, la grand'œuvre faite, il leur disait : Venez !

» Puis il donnait sa croix à ces hommes stoïques ;
» Et les larmes coulaient de leurs yeux héroïques ;
» Muets, ils adoraient leur demi-dieu vainqueur.
» On eût dit qu'allumant leur âme avec son âme,
» En touchant leur poitrine avec son doigt de flamme,
» Il leur faisait jaillir cette étoile du cœur ! »

Et, cette croix, suspendue devant eux, les armées partent.

Oh ! que maudite soit la guerre provocatrice, dût-elle providentiellement conduire le Monde à la civilisation absolue.

Mais qu'elle soit maudite dans ses auteurs et jamais attribuée à la France.

Pas une fois, pas une, le héros qui aboutira à Saint-Hélène par la guerre, n'aura provoqué la guerre, et s'il agonise un jour sur ce sommet sublime, ce ne sera pas pour avoir menacé l'Europe, ce sera pour avoir, un instant, oublié qu'il était envoyé pour transformer et non pour consolider le Passé.

Si elles partent, nos armées ; si elles vont de Boulogne à Austerlitz, c'est que l'Oligarchie anglaise a payé les Rois : — la guerre provocatrice est leur œuvre. Tant pis pour eux si elle tourne à leur confusion.

Elle nous donne l'Italie ; elle nous donne l'Allemagne.

L'Empereur a fait des Maréchaux-Peuple ; il fait des Rois-Peuple :

La mission toujours !

L'Égalité française cause la joie des populations, leur bonheur, leur force ; elle tombe des ailes de nos aigles d'or comme la pluie qui féconde :

La mission toujours !

Josué a arrêté le soleil.

Napoléon en a hâté la marche.

Il est à la fois le conquérant et l'apôtre ; il est à la fois Alexandre et Moïse. — L'Univers contemple.

L'Oligarchie anglaise est décidément vaincue.

Hélas ! hélas ! l'éblouissement !

Je l'ai dit : — cet homme conquérant est apôtre. Ce n'est pas seulement une politique qu'il représente, c'est un âge nouveau de l'Humanité : — l'âge de la conciliation de la majorité humaine avec l'autorité, conservatrice de la Révélation.

C'est en quelque sorte un Évangile, une bonne nouvelle que doit formuler sa vie, et les Évangiles ne se formulent point dans la Gloire.

Hélas ! hélas ! l'éblouissement !

Cet homme qui est le Peuple et qui doit faire les Peuples,

Qui est l'hérédité-pensée et qui a dans sa main droite la main d'Eugène,

Qui est l'épée du Christ et l'envoyé du Christ,

Cet homme qui tient le Passé sous le talon de sa botte éperonnée, et que le Présent acclame en vue de l'Avenir,

Cet homme dit tout à coup : — « Je suis le maître indépendant des causes; » — et, brusquement séparé, par ce moment d'erreur, des légitimités qui l'ont élevé, il lui prend la pensée d'en emprunter d'autres, à qui?

Au Passé !

Au Passé haï de Dieu qu'il a nié,

Au Passé haï des Peuples qu'il a trahi,

Au Passé haï du Présent qu'il combat.

Pleurez, Joséphine ! pleurez, Hortense ! pleurez, Eugène !

Pleure, France !

Voici Marie-Louise Impératrice :

— Sainte-Hélène entre aux Tuileries.

Tout est là ! ·

Napoléon va monter, monter encore, aller aux confins du Monde et y semer la pensée sainte : l'Égalité! — Mais, comme Moïse, il sent déjà que la Terre promise ne lui sera point ouverte; qu'il conduira les Peuples jusqu'à cette terre ; mais qu'il mourra sans l'avoir foulée du pied.

Le fils qu'il embrassera sera bien né de lui, mais quand le pauvre jeune homme lèvera les yeux au ciel, inspiré par l'esprit de Napoléon, il se sentira cloué à la terre par l'immobilité des Hapsbourg.

Il n'est plus possible pour l'Empereur de détourner le calice de ses lèvres.

Et, cependant, écoutez le poète :

« Gloire à Napoléon ! Gloire au maître suprême !
» Dieu même a sur son front posé le diadème ;
» Du Nil au Borysthène, il règne triomphant.
» Les Rois, fils de cent Rois, s'inclinent quand il passe,
    » Et dans Rome il ne voit d'espace
    » Que pour le trône d'un enfant !

» Pour porter son tonnerre aux villes effrayées,
» Ses aigles ont toujours les ailes déployées.
» Il régit le conclave, il commande au divan.
» Il mêle à ses drapeaux, de sang toujours humides,
    » Des croissants pris aux Pyramides,
    » Et la croix d'or du grand Yvan !

» Le Mameluk bronzé, le Goth plein de vaillance,
» Le Polonais, qui porte une flamme à sa lance,
» Prêtent leur force aveugle à ses ambitions.
» Ils ont son vœu pour loi, pour foi sa renommée.
    » On voit marcher dans son armée,
    » Tout un peuple de nations !

» Sa main, s'il touche au but où son orgueil aspire,
» Fait à quelque soldat l'aumône d'un empire.

» On fait veiller des Rois au seuil de son palais,
» Pour qu'il puisse, en quittant les combats où les fêtes,
        » Dormir en paix dans ses conquêtes,
        » Comme un pêcheur sur ses filets.

» Il a bâti si haut son aire impériale,
» Qu'il nous semble habiter cette sphère idéale,
» Où jamais on n'entend un orage éclater!
» Ce n'est plus qu'à ses pieds que gronde la tempête,
        » Il faudrait pour frapper sa tête,
        » Que la foudre pût remonter! »

Elle remontera !

Car, avec l'Impératrice autrichienne foulant les tapis des Tuileries, l'Oligarchie anglaise a vu renaître à sa grande joie : —

L'Hérédité absurde du Passé,

L'oubli de l'inséparabilité du Peuple et de la Race,

Le droit, pour tous les Princes, Ducs, Maréchaux, de se croire autre chose que des instruments populaires,

L'Inégalité européenne, enfin, que la France égalitaire était allée frapper au cœur dans les capitales.

Demain, Napoléon rompra avec le vicaire de Dieu.

Comment ferait-il autrement, ayant jugé nécessaire à sa gloire l'appui des Rois que Dieu lui abandonnait?

Un pas de plus et Dieu se retirerait de sa Race.

Mais Dieu n'est pas ingrat comme les hommes.

Le Napoléon de Marie-Louise sera puni.

Le Napoléon de Joséphine vivra dans les siècles des siècles.

La pauvre attristée de la Malmaison prie .

L'erreur tournera contre l'erreur.

Vive donc à jamais l'homme de Marengo! — Il est toujours la France.

VIII

Oui, relève ton front, ô France! Le récit de tes malheurs ne peut qu'augmenter ton orgueil.

Je ne dirai pas un mot sur le pauvre enfant qui vient de naître. — Je le montrerai mourant, plus tard, écrasé par la fatalité maternelle qui le condamne dès le berceau.

Les canons des Invalides retentissent ; l'Univers fait silence, quand l'Empereur s'avance au balcon des Tuileries et dit à l'Univers : — « C'est un fils ! » — « Vive le Roi de Rome ! » — crient des millions d'hommes.

Un pauvre vieillard, à soutane blanche, sourit tristement et murmure :

> « Non, l'avenir n'est à personne ;
> » Sire, l'avenir est à Dieu ! »

Pas un mot sur le pauvre enfant qui vient de naître : — Je le montrerai mourant, plus tard, écrasé par la fatalité maternelle qui le condamne dès le berceau.

En mission ! En mission, la France !

Oh ! il n'y manquera pas, l'envoyé : — malgré sa faute, c'est Moïse toujours, si c'est Moïse ayant douté.

Écartez-vous, ondes des fleuves ; écartez-vous, forêts ou murailles ; écartez-vous, éléments contraires ou obstacles matériels ; c'est la Grande Armée de l'Empire d'Occident qui part pour la conquête de l'Empire d'Orient,

Malgré Tilsitt, où la vérité a été sur le point d'apparaître à deux hommes : — la vérité absolue.

Il y a, à la tête de cette armée, l'invincible soldat triplement couronné ;

Il a derrière lui vingt Rois ;

Il y a derrière eux cent Chefs de guerre que jamais la fortune n'a trahis,

Et derrière les Princes, les Ducs, les Maréchaux, les Chefs divisionnaires, il y a cinq cent mille hommes aux jarrets de fer, cent mille coursiers aux regards de feu.

Quand les tambours et les fanfares de ces cinq cent mille combattants retentissent, les populations croient entendre les archanges terribles convoquer l'Univers au dernier jugement.

Les canons aux solides affûts ont un aspect sévère et sombre ; leur voix sommeille dans la certitude de la victoire,

Les équipages suivent, alourdis de toutes les richesses occidentales.

Il se fait sur toute la terre un silence de stupeur qui glace les âmes.

Écartez-vous, ondes des fleuves ; écartez-vous, forêts ou murailles ; écartez-vous, éléments contraires ; écartez-vous, obstacles matériels ; c'est la Grande Armée de l'Empire d'Occident qui part pour la conquête de l'Empire d'Orient.

Et cette fois encore la guerre est légitime : — l'Empire d'Occident vaincra.

Mais où donc est Dieu ? Où donc est le souffle puissant qui a poussé, des Alpes sur l'Italie, et de

Toulon au Caire les soldats déguenillés et les canons montés sur des affûts à peine dégrossis?

Si Dieu et son souffle sont encore dans chaque
soldat, ils ne sont plus sous les tentes impériales
et royales.

On les en a chassés.

L'Empereur leur a dit, dès l'entrée dans son palais du Passé décrépit déguisé en vierge blonde : —
« Reposez-vous, mon Dieu; reposez-vous, souffle
divin ! » — Mon souffle et mon épée suffisent. —
N'aurai-je pas ce soir, dans ma couche, la fille des
Rois et ne me donnera-t-elle pas demain l'enfant
de l'Avenir?

> « Non, l'avenir n'est à personne ;
> » Sire, l'avenir est à Dieu! »

De Paris à Moscou, c'est encore le vol de l'Aigle.

A Moscou, c'est le fatal repos de l'éblouissement : — Qui consulter? — Dieu n'est plus là !

Il y a un portrait d'enfant sur un fauteuil. L'enfant, ce devrait être Dieu revenu.

« Mon père, Dieu vous pardonne, semble murmurer l'image adorée, — mais il ne peut détacher
de votre cheville le boulet du Passé que vous y
avez attaché de vos mains! »

Le Kremlin brûle, la neige tombe, les fleuves
se gèlent, et malgré la Moscowa,

« En France! vite en France! »

En France, où attendent les nouvelles de l'Espagne, de l'Espagne qu'on a voulu conquérir en
héritant des droits du Passé représentés par Charles et par Ferdinand, et qui se fût donnée à l'Empereur-Peuple, au mari de Joséphine, malgré
Ferdinand et malgré Charles, si on n'eut pas exigé
leur abdication.

« En France! vite en France! »

Agenouillez-vous, Nations, sur le passage de
ces tristes débris de bataillons, hier invaincus;
agenouillez-vous, Peuples, devant ces cohortes
décimées; c'est la Grande Armée de l'Empire
d'Occident; elle revient, sans conquêtes, parce
qu'elle est partie en compagnie du Passé condamné.

Devant cette Armée, l'Empereur, un bâton à la
main, marche, courbé, pensif, songeant à ce qu'il
aurait pu faire.

Derrière lui, un fusil sur l'épaule, les vingt Rois
se défendent contre les bandes qui les harcèlent.

Derrière eux, les cent Chefs de guerre marchent
la tête inclinée, ne la relevant que pour combattre,
et laissant un des leurs à chaque monceau de neige.

Et derrière les Rois, les Princes, les Ducs, les
Maréchaux, les Chefs divisionnaires, il y a trente
mille cadavres vivants qui se traînent, reste des
cinq cent mille victorieux qui sont partis.

Les coursiers sont morts ;

Les tambours ne battent plus, et la fanfare a cessé de retentir ;

Les canons sont restés muets avec les morts ;

Les équipages sont restés avec les canons.

Il se fait sur toute la terre un silence de stupeur qui glace les âmes.

Agenouillez-vous, Nations, sur le passage de ces tristes débris de bataillons hier invaincus ; agenouillez-vous, Peuples, devant ces cohortes décimées ; c'est la Grande Armée de l'Empire d'Occident ; elle revient, sans conquêtes, parce qu'elle est partie en compagnie du Passé condamné.

Quant à toi, ô France ! ne t'afflige pas. En Russie comme en Espagne, ta mission est remplie, et ce que tes vainqueurs d'un jour n'auront pas reçu de toi, quand tu as habité leurs capitales, ils vont venir le chercher eux-mêmes dans tes villes qui les renverront gorgés d'idées !

« Prête l'oreille aux accents de l'histoire :
» Quel Peuple ancien devant toi n'a tremblé ?
» Quel nouveau Peuple, envieux de ta gloire,
» Ne fut cent fois de ta gloire accablé ?
» En vain l'Anglais a mis dans la balance,
» L'or que pour vaincre ont mendié les Rois ;
   » Des siècles, entends-tu la voix ?
   » Honneur aux enfants de la France ! »

IX

La Grande Armée de l'Occident n'est plus.

La Grande Armée de la France, celle de la Patrie en danger, sera debout demain : — demain est à l'Empereur.

« Non, si puissant qu'on soit, non, qu'on vive ou qu'on pleure.
» Nul ne te fait parler, nul ne peut, avant l'heure,
       » Ouvrir ta froide main,
» O fantôme muet, ô notre ombre, ô notre hôte,
» Spectre toujours masqué qui nous suis côte à côte,
       » Et qu'on nomme demain ! »

Non, demain n'est pas à l'homme : — Il est à l'envoyé.

Tant que Napoléon a été l'Avenir, il a eu de main.

Il ne peut le reconquérir pour la France et pour sa Race qu'en expiant Marie-Louise.

A ce point de la Légende, l'Empereur a le choix entre abdiquer les destinées de son nom ou tomber pour que ces destinées restent glorieuses. — Qu'il choisisse l'abdication, et il peut régner *sur* la France, mais en ayant cessé d'être Elle. Les Rois ses alliés lui donneront la paix; mais alors, au lieu d'être le conducteur des Francs en mission, il sera le bâillon mis sur leurs lèvres, l'entrave rivée à leurs pieds.

Des historiens aveugles, qui n'ont jamais eu conscience des desseins de Dieu sur la Race Impériale, reprochent à Napoléon de ne point avoir ainsi desséché dans sa racine le tronc glorieux de la quatrième Race.

Lui n'hésite pas. — Un instant il a pu subir l'éblouissement et douter de Dieu ; mais, à l'Avenir de sa Race, il sacrifiera tout.

Guerre donc encore, et, en-deçà comme au-delà du Rhin, que le penseur le remarque : — il y aura une chose, une unique chose qui surgira, entre la paix assurant la fortune renaissante de l'homme, et la guerre le poussant à Sainte-Hélène. Cette chose, ce sera sa volonté de ne point abdiquer, tout à

la fois, au nom de sa Race, et sa triple couronne, et la mission non encore terminée de la
France.

Le voilà sur l'Elbe avec deux cent mille hommes :

« Depuis vingt ans que je commande les armées
» françaises, s'écrie-t-il, je n'ai jamais vu plus de
» bravoure et de dévoûment. Mes jeunes soldats !
» l'honneur et le courage leur sortent par tous les
» pores ! »

Malgré Lutzen et Bautzen, malgré Dresde, là
est Leipzig !

En arrière !

Ah ! Sire ! Où sont donc les parents de Marie-
Louise, quand vous déchirez votre poitrine de
votre vaillante main ? — Où donc est le Passé,
sur lequel vous vous êtes appuyé ?

Ce Passé est uniquement dans le cœur des Rois,
des Princes, des Ducs, des Maréchaux que vous
avez faits, et qui, comme vous éblouis, ne songent
plus qu'à jouir des pacifiques immobilités qu'il leur
garantit.

Ils reculent en Espagne ; ils reculent partout ;
ils ont Marie-Louise à expier.

Ce ne sont plus les hommes de Marengo.

Deux seules fidélités culminantes prient et vous
restent :

La soutane blanche et Joséphine.

Entre votre fortune personnelle et la mission de la France, vous n'avez pas hésité. A la France de ne point hésiter entre votre Race et celle qui lui redemande un trône.

— Un instant vous lui avez failli, mais elle ne vous faillira pas.

L'inséparabilité de votre Race et des destinées de la France, par la volonté sans exception du Peuple de France, est, de toutes les conséquences que Dieu fera surgir de vos malheurs, celle qui frappe de suite l'esprit du penseur.

Le Peuple de France préfèrerait renoncer à sa mission à ne point l'accomplir avec votre Race.

Une autre des conséquences à surgir, c'est l'anéantissement successif, — dans l'impuissance, — de tous les moyens offerts par le Passé au Peuple pour accomplir cette mission.

Vous êtes puni de Marie-Louise.

La France le sera du Parlementarisme qu'on souhaite pour elle et qu'elle a rêvé vous adjoindre.

La campagne de France ! Et au bout Fontainebleau !

> « Au bruit de lugubres fanfares,
> » Hélas ! nos yeux se sont ouverts !
> » C'était le clairon des barbares
> » Qui vous annonçait nos revers.

» Dans le fracas des armes,
» Sous nos toits en débris,
» Nous mêlions à leurs larmes
» Notre premier souris ! »

Du Rhin à Fontainebleau, autant de victoires que de combats. — Votre jeunesse, Sire, ne vous a point valu autant de lauriers, et cependant vous reculez toujours.

Champaubert ! Montmirail ! Montereau ! Troyes !

C'est en vain. — Les échos des Tuileries jettent, par dessus ces triomphes, le nom de Marie-Louise à l'Oligarchie anglaise, qui marche, dans son manteau couleur de sang, à la tête de l'Armée des Rois.

Les soldats se battent, les vieillards se battent, les femmes, les vierges, les enfants se battent.

C'est en vain. — Les échos du Corps Législatif jettent, par dessus leurs cadavres, le nom du Parlementarisme à l'Oligarchie anglaise, qui marche, dans son manteau couleur de sang, à la tête de l'Armée des Rois.

Le ver est au cœur de l'Empire et au cœur de la France.

Et il ronge. — Des Français indignes ouvrent les portes des villes aux Anglais, aux Prussiens, aux Russes, aux Autrichiens.

A celui qui a répudié Joséphine, la Providence impose Marmont.

Au Pays qui a envoyé le Corps Législatif de 1814 à son Chef de guerre, la Providence impose Talleyrand.

Les ailes de l'aigle se replient ; les bras du Peuple tombent sanglants ; la plume de l'Empereur abdique en faveur du fils de l'Autrichienne.

Demain serait-il encore à l'Empire ?

« Non, si puissant qu'on soit, non, qu'on rie ou qu'on pleure,
» Nul ne te fait parler, nul ne peut avant l'heure
     » Ouvrir ta froide main,
» O fantôme muet, ô notre ombre, ô notre hôte,
» Spectre toujours masqué qui nous suit côte à côte,
     » Et qu'on nomme demain ! »

Non, demain n'est pas à l'homme : — Il est à l'envoyé.

La Providence, qui a permis la chute, pour que la Race et le Peuple y pensent incessamment dans l'Avenir, — quand, décloués de leurs deux calvaires, ils reprendront leur marche chez les Nations, — la Providence veut que l'Oligarchie anglaise ait une heure de triomphe, et que, le pied sur la gorge de la France, elle crie : — « Vive la troisième Race ! » — Vive la Race qu'elle a décapitée en Louis XVI ! — Et tous les Rois poussent le même cri.

Si la France pouvait un instant avoir oublié qu'entre elle et cette Race, il y a l'abîme creusé par cette Race elle-même, l'acclamation étrangère le lui rappellerait. — L'abdication morale de Louis XV n'est rien auprès de celle de Louis XVIII. Entre les Capets ramenés derrière l'étranger et le Peuple que l'étranger cloue sanglant au sol, il ne peut plus y avoir rien de commun.

Cependant, Louis XVIII règne et Napoléon part pour l'île d'Elbe.

Mais, dans les espaces, les anges du Destin prennent leur vol. Arrivé au centre de l'azur, ils se séparent en deux groupes égaux : — l'un se dirige vers le Nord; l'autre vers le Sud. — Le premier s'arrête dans une plaine belge; le second sur une île de l'Océan. — Ils déposent tous deux une grande croix sur le sol, et reprennent leur vol dans les cieux, où l'Histoire se prépare à inscrire, sur son livre, deux mots, ayant l'importance de celui qu'elle y écrivit un vendredi, il y a dix-huit siècles. Ces mots sont :

Consumatum est.

Waterloo et Sainte-Hélène ;

Le calvaire du Peuple et le calvaire de la Race!

X

« Périsse enfin le géant des batailles !
» Disaient les rois : Peuples, accourez tous,
» La Liberté sonne ses funérailles ;
» Pour vous sauver, nous régnerons par vous.
» Le géant tombe, et ces nains sans mémoire
» A l'esclavage ont voué l'Univers.
» Des deux côtés ce jour trompa la gloire.
» Son nom jamais n'attristera mes vers ! »

Je l'écrirai, moi, ce nom, et si son souvenir
fait naître des larmes dans mes yeux, elles seront
vite séchées Aussi vite que celles que le nom de
Sainte-Hélène pourra y faire monter.

J'ai vu, dans le Passé, le Rédempteur spirituel
des hommes, suspendu, par ses mains déchirées, à

un gibet infamant ; j'ai vu les bourreaux porter à
ses lèvres sanglantes une éponge pleine de vi-
naigre ; j'ai vu le voile du Temple se déchirer, les
montagnes s'entrouvrir, la terre se couvrir de
ténèbres ; et, un instant, j'ai pleuré ; mais, soudain, le bruit d'un million de cloches saintes m'a
ramené dans le Présent, et j'y ai vu le Dieu du
gibet infamant, régner glorieux sur la conscience
du Monde, auquel il a conquis, par son supplice,
l'Égalité devant Dieu. Alors j'ai entonné le cantique de Pâques, le cantique de la délivrance.

Que le nom de Waterloo reste douloureux pour
ceux qui ne le comprennent point. — Quant à moi,
qui date de ce nom la Rédemption politique et sociale des Peuples, sur le front desquels est tombé,
rosée bienfaitrice, le sang des plaies de la France
crucifiée, je me glorifie que mon pays ait été choisi
pour répandre, au profit de l'Humanité, le sang
de ses veines dans les sillons belges.

Wellington a pu se vanter, au nom de l'Oligarchie anglaise, de nous avoir vaincus. Demandez à
l'Histoire sacrée, lequel d'Hérode ou du Christ est
le véritable vainqueur !

Sans Waterloo, existerait-il, ce divorce réel de
toutes les grandes nationalités européennes avec les
Races qui les gouvernent, ce divorce qui fait que, de
toutes les Races souveraines aujourd'hui régnantes,

la plus légitime, sinon la seule, est celle des Napoléon?

Sans Waterloo, les Peuples auraient-ils compris
qu'en les conduisant contre la France, les Souverains n'avaient en vue que l'esclavage des Peuples,
et se seraient-ils enfin convaincus que les idées
Impériales françaises sont les idées rédemptrices?

Sans Waterloo, le problème social eût-il été
posé par l'Humanité tout entière au dix-neuvième
siècle qui le résoudra?

Que le nom de Waterloo reste douloureux pour
ceux qui ne le comprennent point. — Quant à moi,
qui date de ce nom la rédemption politique et sociale des Peuples sur le front desquels est tombé,
rosée bienfaitrice, le sang des plaies de la France
crucifiée, je me glorifie que mon pays ait été choisi
pour répandre, au profit de l'Humanité, le sang
de ses veines dans les sillons belges.

Le nom de Waterloo, ne me rappelle pas le mot
de Cambronne, mais la phrase de Napoléon, la
phrase de tous les crucifiés:

« Mon père, mon père, pourquoi m'avez-vous
« abandonné! »

Ou plutôt, pour le grand Empereur :

« Ce n'est pas Grouchy, c'est Blücher! »

Il faut mourir sur la croix!

En marchant, entraîné dans les voies lumineuses

de la Légende Impériale, une chose m'indignerait, si je n'étais certain que le Peuple et les Peuples, — les trente millions de Francs et les trois cent millions d'Européens, — ont en ce moment les yeux tournés vers l'Avenir, ont l'âme et l'esprit pleins des grandes leçons d'hier; cette chose c'est l'état d'indifférence et d'imprévoyance dans lequel vivent ceux qui devraient leur annoncer les conséquences prochaines, immédiates de ces leçons providentielles.

J'ai arrêté des hommes en blouse dans la rue et j'ai causé avec eux : — ils comprennent Waterloo et Sainte-Hélène.

J'ai demandé à de soi-disants penseurs : — « Que signifient ces deux mots ? »

Ils m'ont parlé du spiritisme.

O Peuple! ô Peuples! l'heure de vos destinées sociales a bien sonné, puisque vous seuls aujourd'hui n'êtes point aveugles, et que Napoléon III, l'identification impériale de votre lumineuse prescience dispose des destins de l'Univers, un fils de sept ans sur ses genoux.

A quoi bon rappeler par quelle succession de miracles la France se trouva tout-à-coup sur le lieu de son supplice, le premier Chef de la quatrième Race encore debout à la tête de ses bataillons?

Est-ce que, malgré sa Charte, ses pairs et ses

députés, Louis XVIII est dans la mémoire des Peuples?

Ce qui est dans la mémoire des Peuples, c'est le débarquement de Cannes; c'est l'entrée à Grenoble, c'est l'entrée à Lyon, c'est la rentrée aux Tuileries; c'est la réconciliation de l'Empereur-Peuple et des Maréchaux-Peuple; c'est la grande bataille; c'est la marche au Calvaire!

« Oh! ce sera le rachat de la faute, n'est ce pas,
» mon Dieu!— Vous me rendrez mon blond enfant,
» et je l'élèverai dans l'amour du Peuple! — En
» avant! Oui! Oui! c'est le rachat.— Les bataillons
» rouges sont écrasés! Ils fuient! Ils fuient! Et là—
» bas, voici le reste de mes braves qui accourt
» prendre sa part de la victoire! — Oh! que vois-je,
» Seigneur? Ces cohortes s'ouvrent; leur bronze
» tonne contre moi! — Mon père! mon père! pour-
» quoi m'avez-vous abandonné? — Ce n'est pas
» Grouchy, c'est Blücher! »

Et le massacre commence.

Seul, traînant son cheval par la bride, il s'en va du champ de bataille où la mort l'a respecté.

Le *Bellérophon* l'attend!

Il y a eu rédemption des Peuples par le crucifiement d'un Peuple, il y aura rédemption de la souveraineté par le crucifiement d'un Empereur.

Et lorsque Peuple et Empereur auront agonisé,

l'Humanité aura une Religion politique, comme, après l'agonie de Christ, elle a eu une Religion spirituelle. Je l'ai déjà dit : — il s'agit pour elle d'un âge nouveau.

L'agonie du Peuple sera longue, et, en attendant l'heure de la résurrection, ces soldats, naguère vainqueurs du Monde, s'en iront de rivage en rivage implorant un abri, qui souvent fera défaut à leur gloire.

> « Elle épouvante encore les Rois.
> » Et nous bannit des humbles chaumes,
> » D'où sortis, pour venger nos droits,
> » Nous avons dompté vingt royaumes.
> » Nous courions conquérir la paix
> » Qui fuyait devant la victoire.
> » Sauvages nous sommes Français,
> » Prenez pitié de notre gloire !

XI

Non, ce n'est pas en vain que la mort a respecté l'Empereur à Leipzig et à Waterloo; ce
n'est pas en vain que la fatale idée lui est venue
de mettre le pied sur un vaisseau anglais; ce
n'est pas en vain que, de tous les rochers, celui
de Sainte-Hélène a été choisi par l'Angleterre, et
que commence l'agonie du Souverain qui souffre,
pour que, dans l'Avenir, aucun Roi ne puisse être
Roi, aucun Empereur Empereur, sans être à la
fois l'identification de son Peuple dans l'acception
égalitaire.

« Sainte-Hélène ! leçon ! chute ! exemple ! agonie !
« L'Angleterre, à la haine épuisant son génie,

« Se mit à dévorer ce grand homme en plein jour ;
« Et l'univers revit ce spectacle homérique :
« La chaîne, le rocher brûlé du ciel d'Afrique,
    « Et le Titan et le vautour !

Je ne flétrirai pas de nouveau Hudson Lowe ; je ne dirai rien contre l'oligarchie qui l'a employé : — prisonnier, j'ai toujours considéré ceux qui me gardaient comme à plaindre. Quand on souffre pour une Idée, toute chaîne est glorieuse pour celui qui la porte, honteuse pour celui qui la rive. — Merci à Hérode ! Merci à Pilate ! Merci aux Pharisiens et aux princes des prêtres qui, au prix d'une éternelle honte, nous ont vendu la Passion.

Le voyez-vous sur le rocher désert, le moderne Rédempteur !

Il se promène, tranquille et fier, la tête toujours droite, quand il passe devant la sentinelle écarlate, les yeux toujours tournés vers l'Europe, sentant que la France vit en lui sur ce roc, et qu'il vit en elle, sous le joug qu'elle supporte, loin de son impériale volonté.

Toute la conscience de sa mission lui est revenue : — C'est Napoléon sans Hapsbourg.

Et avec la conscience de sa mission lui est aussi revenue la certitude de son lendemain.

Il sait que sa Race sera bien la quatrième Race.

Il s'interroge pour savoir s'il manque, à la Religion politique dont il est le martyr, une seule
des conditions sans lesquelles il serait impossible
à cette Religion d'être celle de l'Avenir.

Sa conscience lui répond : « Non. »

Il a bien posé les bases de l'Egalité univer
selle, les bases du progrès incessant et pacifique
de l'Humanité.

Par sa Race et après sa Race, il n'y aura plus
de faisable que l'unité des continents.

Il a rendu impossible toute constitution de la
Société, en dehors de l'accessibilité de tous à la
possession par le Travail, et il n'est pas une des
formes du Travail dont il n'ait développé les éléments.

L'Europe, et par conséquent le Monde, lui
doivent les lois en vertu desquelles l'Etat, la
Famille et l'individu peuvent avoir, entre eux,
des rapports qui garantissent la prospérité de l'un
et l'indépendance heureuse des autres.

Développé dans la lumière de l'Evangile, ses
Codes résoudront tous les problèmes sociaux.

Il a été l'Armée; il a été le Commerce; il a
été l'Industrie; il a été l'Administration; il a été
l'Institut; il a tout créé ou tout régénéré en vue
du règne du Peuple; il l'a fait à ce point, que, par
lui, le royaume de Dieu devient de ce Monde au

point de vue matériel ; et c'est de son conseil d'Etat que sont émanées toutes les solutions qui garantissent, aux masses, la réalisation de ce qu'elles croyaient être éternellement des utopies.

Il comprend bien que c'est pour cette raison qu'il est enchaîné par les oppresseurs des Peuples ; mais il sourit : — on n'enchaîne ni les Codes, ni les Idées, ni l'Histoire.

Sa Race sera la Quatrième Race !

Par son fils ?

C'est à cette question qu'il n'ose répondre, lui qui comprend maintenant la cause pour laquelle il ne verra pas la terre promise.

Il ne peut que demeurer immobile devant le portrait de l'enfant adoré.

Quel douloureux mystère d'amour dans ce regard de l'aigle enchaîné !

A l'heure dernière, quand tout le calice sera bu et qu'il se déclarera prêt à mourir dans le sein de l'Eglise catholique, apostolique et romaine, — dans le sein de l'Eglise de Clovis, de Charlemagne et de saint Louis, — il aura conscience des destinées des Napoléon, et, entrevoyant sans doute, dans la pénombre qui règne, entre la vie de la terre et la vie du Ciel, l'homme calme et fort qui est né d'Hortense et de son frère, il murmurera les mots de : — « tête armée ! »

Quel penseur peut nier que Napoléon III soit cette tête.

Pendant cette condensation de la Religion napoléonienne dans le cerveau de l'homme qui la donne au Monde avec sa vie, l'Oligarchie anglaise se dit :— « J'ai vaincu ! »—Les souverains se disent : — « le Peuple est muselé. »

Mais il y a dans quelque mansarde le pauvre fils d'un tailleur et d'une fée, qui chantonne devant une table de bois blanc.

Et le lendemain, le Peuple répète avec lui :

« Peut-être il dort, ce boulet invincible
« Qui tracassa vingt trônes à la fois.
« Ne peut-il pas, se relevant terrible,
« Aller mourir sur la tête des rois ?

Il ne dort pas !

« Bien au-dessus des trônes de la terre,
« Il apparaît brillant sur cet écueil.

. . . . ,

« Sa gloire est là, comme le phare immense
« D'un nouveau monde et d'un monde trop vieux ! »

XII

Ecoutez! c'est la légende de la quatrième Race;
de la Race souveraine, dans laquelle s'est identifiée la France égalitaire; de la Race qui, avec le
Savoir et la Foi, fera de l'Égalité la grande Loi
humaine, et sera, au nom de la France, l'analyse
incessante de la grande synthèse Unité.

    « Il est deux îles, dont un monde
    « Sépare les deux océans,
    « Et qui, de loin, dominent l'onde,
    « Comme des têtes de géants.
    « On devine, en voyant leurs cimes,
    « Que Dieu les tira des abimes

« Pour un formidable dessein ;
« Leur front de coups de foudre fume,
« Sur leurs flancs nus la mer écume,
« Des volcans grondent dans leur sein. »

Écoutez ! le poète l'a dit : — Quand Dieu fait surgir des plaines mouvantes, deux rochers dont l'un est fertile comme un paradis, l'autre désolé comme une tombe, et que, sur le premier de ces deux rochers, commence une existence merveilleuse qui va se terminer sur l'autre, c'est que Dieu a jugé cette existence tellement digne de l'attention des siècles qu'il a voulu lui tailler, à part, un oreiller de granit pour y naître, un calvaire de granit pour s'y éteindre.

« La main qui, de ces noirs rivages,
« Disposa les sites sauvages,
« Et d'effroi les voulut couvrir,
« Les fit si terribles peut-être,
« Pour que Bonaparte y pût naître,
« Et Napoléon y mourir ! »

Écoutez ! C'est entre ces deux rochers que se déroule la légende de la Quatrième Race. Il faudrait, pour que cette Race ne poursuivît pas sa mission à la tête de la France, que la pensée anglaise pût ordonner aux flots bleus de la Méditerranée et aux flots verts de l'Atlantique de submerger les deux îles, car tant qu'elles élèveront dans l'espace leur front providentiel, la volonté de Dieu brillera comme une étoile sur les destinées des Napoléon.

> « Là fut son berceau ! — Là sa tombe ! »
> « Ces mots, qu'un monde naisse ou tombe,
> « Ne seront jamais effacés.
> « Sur ces îles, à l'aspect sombre,
> « Viendront, à l'aspect de son ombre,
> « Tous les peuples de l'avenir ;
> « Les foudres qui frappent leurs crètes,
> « Et leurs écueils, et leurs tempêtes,
> « Ne sont plus que son souvenir. »

Écoutez ! c'est la Légende de la quatrième Race ; de la Race souveraine dans laquelle s'est identifiée la France égalitaire ; de la Race qui, avec le Savoir et la Foi, fera de l'Égalité la grande Loi humaine, et sera, au nom de la France, l'analyse incessante, de la grande synthèse Unité.

LA RESTAURATION

1

Il n'est pas de légitimité souveraine qui ne soit
anéantie par l'appui de l'étranger comme par la
désertion devant le péril.

Les Capétiens peuvent, une seconde fois, revenir dans les fourgons de l'Oligarchie anglaise,
ayant oublié Azincourt, Crécy, Quiberon, et surtout la cause de leur chute; ils s'asseoiront sur le
trône : — ils ne régneront pas.

La Noblesse et le Clergé *capétiens* peuvent rentrer en France à la suite des armées coalisées, — ils
reprendront leur place dans les conseils et à l'autel : — ils ne seront point entendus de la Nation,
qui ne veut ni de leurs bras, ni de leurs prières.

Les uns et les autres ne sont plus que l'identification de la honte imposée à la France : — on ne
gouverne pas une Nation quand on est l'identification de la honte.

A l'honneur des Capétiens revenus, de cette
Noblesse et de ce Clergé qui leur ont été fidèles,
je déclare, en âme et conscience, qu'au fond du
cœur, ce que je viens de dire ils le pensaient.

Si Dieu avait pu permettre qu'un homme de
génie et de force se trouvât dans leurs rangs, il
eût brisé soudain cette chaîne de la reconnaissance
envers l'Étranger qui les rendait impossibles ; et,
criant de nouveau à la France de prendre les armes,
il eût avec elle fait face à l'Europe.

Mais la Race était bien condamnée ; elle n'avait
pas seulement à se reprocher le retour, elle avait
à se reprocher le départ. — L'émigration est la
honte aussi.

On ne gouverne pas une Nation quand on est
l'identification de la honte.

On subit soi-même la honte qu'on représente.

Si j'avais été Capétien, et qu'on m'eût donné
à choisir entre le supplice du Temple et celui de la
Restauration, j'aurais choisi celui du Temple...

Si on interroge à ce sujet, par la pensée, Mme la
duchesse d'Angoulême, elle me donnera raison.

Depuis l'octroi de la Charte jusqu'à la fuite de Rambouillet, tout est absinthe aux Bourbons.

Talleyrand, Fouché, Decazes, Villèle comme ministres,

C'est-à-dire, comme instruments, des protestations vivantes contre leur droit.

. Talleyrand et Fouché : — l'Étranger qui gouverne.

Decazes et Villèle : — la Bourgeoisie qui exploite.

La troisième Race restaurée n'aura qu'un ministère digne de ses anciennes destinées : — le ministère Polignac. Elle en tombera de nouveau, car il est écrit qu'elle ne régnera plus.

Il n'est pas de légitimité souveraine qui ne soit anéantie par l'appui de l'Étranger, comme par la désertion devant le péril.

J'ajouterai encore à l'honneur des Capétiens, de leur Noblesse et de leur Clergé, que si, comme Race et comme corps, ils sont l'impuissance et la honte, comme individus ils restent Français

Mais je persiste à le redire :

Comme corps, ils ne sont plus et ne peuvent plus être que la main de l'Étranger sur la France.

Il n'est pas de légitimité souveraine qui ne soit anéantie par l'appui de l'Étranger comme par la désertion devant le péril.

Les souverains coalisés leur ont dit : — « Vous régnerez ! Mais la Bourgeoisie gouvernera. »

Qu'on ne se méprenne pas sur l'acception que nous donnons au mot Bourgeoisie. — La Bourgeoisie, chargée par les alliés d'aider la troisième Race restaurée à immobiliser la France dans la honte, ce n'est ni l'Industriel, ni le Commerçant, ni l'Agriculteur, ni l'Officier en retraite, ni l'Artiste, ni tout homme enfin, arrivé par le Travail et représentant hiérarchiquement le Peuple possesseur.

La Bourgeoisie dont je parle, moi, c'est l'exception mesquine et envieuse du Peuple, devenu possesseur, et qui veut constituer sa possession en privilége exclusif, en exerçant, à son profit, un droit plus absolu que celui qu'exercèrent les Capétiens ; c'est, en un mot, la réunion des hommes qui, au prix de l'honneur de la France, de l'oppression de son Peuple et de la destruction de son Armée, consentiraient à ce que l'Angleterre nous gouvernât par eux, pourvu qu'il fût interdit à d'autres Français d'atteindre à la fortune, et défendu à une autorité quelconque de rivaliser avec la leur.

La Bourgeoisie dont je parle, moi, c'est la Bourgeoisie capétienne, car elle est l'œuvre de la troisième Race et parente de la Dubarry ; c'est celle qui fait naître Pétion de Bossange, et qui, une fois Pétion, aspire volontiers à la couronne ; c'est celle

qui ne rêve que l'exercice de la tyrannie au cri
de : — Vive la Liberté ! — et qui veut que l'État
n'ait pas d'autres intérêts que les siens ; c'est celle
qui, placée à la tête d'une administration quelconque, la paralyse de suite, administre pour elle
et non pour la France, plus jalouse de se faire
adorer que désireuse de faire aimer le gouvernement qu'elle flatte en apparence, mais qu'elle
trahit en réalité ; c'est celle qui veut enchaîner les
destinées d'une ville ou d'un Empire aux caprices
de ses passions et de ses envies ; c'est celle qui
ne tolère pas qu'une grande chose soit faite, si elle
n'en retire un lucre, et qui s'indignera contre le
percement d'une rue ou l'érection d'un monument,
si elle ne doit pas rédiger l'acte de vente des ter-
rains ou fournir les matériaux des constructions
projetées.

Cette Bourgeoisie-là, je l'affirme, est aussi la
main de l'Angleterre sur la France. De 1815 à
1830, nous assistons à la lutte engagée entre elle
et les Capets, pour savoir qui, de la Royauté ou
de la Bourgeoisie, doit exercer sur la France la
police de l'Étranger.

Un instant la troisième Race se croit assez forte
pour résister : — et elle regagne l'exil. — De 1830
à 1848, nous assistons au règne de cette Bourgeoisie.

Ce n'est pas dans les régions de cette lutte que la Providence poursuit son œuvre.

Souvent une plaine insignifiante frappe les yeux. Qu'importe au penseur ce qui se passe à la surface. Mais, l'oreille au sol, il entend, dans les entrailles de la terre, mugir des éléments en fu-sion ; c'est que sous cette plaine insignifiante bout le volcan qui va surgir.

Sous la Restauration et sous la Monarchie d'Or-léans, il y a l'Impérialisme qui travaille.

C'est dans le sein des masses qu'a lieu la grande fermentation sociale, — non-seulement dans le sein des masses françaises, mais dans celui des masses européennes.

Les Races souveraines régnantes ne sont plus que juxtaposées aux Nations.

Le Peuple monte !

Et voyez, en effet, si, de 1815 à 1848, il se passe rien, dans les régions supérieures, qui puisse frapper l'esprit du penseur ?

Oreille à terre, ô penseur !

Quant aux Bourbons : — il n'est pas de légiti-mité souveraine qui ne soit anéantie par l'appui de l'Étranger comme par la désertion devant le péril.

II

Quand vous serez tous rassemblés dans une pensée commune, l'esprit de Dieu sera au milieu de vous.

Dieu est évidemment au milieu du Peuple, pendant que le Peuple, un moment écrasé par la main de l'Oligarchie anglaise, se replie sur lui-même et songe à la revanche.

C'est sous le canon même des alliés que la Poésie-Peuple éclate en strophes vengeresses, et que les *Messéniennes* lancent au visage de Wellington les imprécations de la France contre les bourreaux de Jeanne d'Arc, contre les violateurs du Louvre.

Une magnifique pléïade de jeunes hommes, dont

l'âme s'était formée au sein des Iliades napo-
léoniennes prend la plume et écrit, saisit la lyre et
chante !

Ce ne sont plus des bataillons français qui vont
se répandre sur l'Europe et dire aux Peuples de
se lever, ce sont des livres français.

Et qu'on y fasse attention : — pas un de ces
livres, écrit sous le joug imposé, qui ne soit un
reflet des idées impériales. — Pendant que le
martyr de Sainte-Hélène agonise, ses sujets de
France font leur œuvre.

Par situation, par besoin, par ignorance, il y a
des écrivains et des poètes qui veulent vulgariser
autre chose que l'Impérialisme : — malgré eux ils
le vulgarisent, car ils aiment la France et ils ne peuvent faire que l'Impérialisme ne soit pas la France.

Les fidèles aux Bourbons eux-mêmes sont obligés
d'obéir à la volonté providentielle, dès qu'ils prennent une plume.

Napoléon n'a pas de plus grand admirateur que
Chateaubriand.

Casimir Delavigne l'acclame,

Victor Hugo le déifie,

Lamartine lui dédie une ode grande comme sa
vie,

L'historien du Consulat et de l'Empire étudie la
Révolution pour en dégager le mot Impérial,

Et Lamennais, dans son premier volume, burine un code religieux qui est toute l'idée théocratique de l'Empire.

Ces écrivains et ces poètes en enfantent d'autres qui écrivent et chantent comme eux.

Alexandre Dumas entasse des volumes pleins de la France, comme Napoléon entassait des batailles pleines de son esprit.

Dans tous ces volumes, dans tous ces chants, la même idée : — Dieu, la Souveraineté, le Peuple !

Réaction contre l'incrédulité révolutionnaire ;

Réaction contre la haine révolutionnaire, en faveur de la forme monarchique ;

Réaction contre tout ce que la troisième Race et la Constituante ont fait de mal ;

Glorification de l'esprit conventionnel dans le Monde Impérial ;

Enfin, Béranger,

Je comprends les obsèques du vieux chansonnier. — Je les ai vues, ces foules recueillies, semer des fleurs sur le passage de son cercueil. — Je les ai entendus ces soldats, présentant les armes, murmurer le refrain du *Vieux Caporal*.

J'ai demandé à un homme du Peuple par curiosité .

« — Qui donc enterre-t-on ? »

L'ouvrier m'a répondu :

« — L'Homère impérial ! »

Les ouvriers savent ce que c'est qu'Homère.

Et, malgré les efforts du gouvernement de la Restauration pour empêcher la glorification de la souveraineté impériale,

Malgré les efforts de la Bourgeoisie pour imposer silence à la foi religieuse,

Malgré les cours prévotales, et les Voltaires Touquet, il ne reste de cette renaissance de la Pensée moderne que les écrivains et les poètes impérialistes.

Remarquez aussi que, comme l'Empereur les a inspirés, ils n'ont pas, — ainsi que les partis, — le respect et l'amour de la France d'une époque, mais le respect et l'amour de la France de toutes les époques, caractère indélébile de la conviction impériale.

En vingt ans, ils en font autant, pour l'Empire futur, que leurs pères en ont fait, quand ils volaient de capitales en capitales.

Le Peuple, dont ces écrivains sont le cerveau, les traite en favoris, et, par le souvenir de Napoléon, ces écrivains dominent toutes les têtes couronnées.

C'est, pour eux, l'heure de l'éblouissement.

La Bourgeoisie, qui n'a pas d'enthousiasme, a froidement calculé la portée de leur action sur les masses et a compris où elle aboutirait.

Or, ce qu'elle a juré à l'Oligarchie anglaise, en échange du parlementarisme, qui la place au niveau de la Royauté, c'est d'empêcher à tout prix le réveil du patriotisme impérial.

Elle s'aperçoit que les Bourbons eux-mêmes s'y laissent gagner, et que l'ode à la Colonne a fait monter une glorieuse rougeur aux joues de la duchesse d'Angoulême.

De loin, l'Oligarchie anglaise lui fait comprendre qu'il faut chasser les poètes : — n'a-t-elle pas, elle, expulsé Byron de l'Angleterre?

Mais, en Angleterre, il y avait un poète, un poète qui, lui aussi, a glorifié l'homme-siècle, l'Impérial martyr, l'Empereur-Peuple.

En France il y en a cent.

Et qu'on essaie en France de proscrire un poète ou un écrivain pour avoir célébré l'Empire!

Une seule ressource reste à la Bourgeoisie, celle qui a merveilleusement réussi contre l'Empereur :

L'exploitation de l'éblouissement.

A l'Empereur on a offert Marie-Louise.

Aux écrivains et aux Poètes de France, qui sont l'Égalité française, et par conséquent la grande et sublime Liberté, on offre, pour inspiratrice, la Liberté constitutionnelle.

Hélas! les plus glorieux et les plus forts se laissent prendre à ce piége.

Que leur en est-il advenu?

Ils ont été pairs de France et favoris de la Bourgeoisie, mais leur voix s'est éteinte et leur lyre s'est brisée.

Quand ils n'ont plus eu ni voix, ni lyre, la Bourgeoisie les a bafoués, et leur a opposé qui? — leurs élèves et leurs fils, qui scandalisent encore l'Europe littéraire du spectacle de leurs égarements.

Le nom héroïque qui a signé *les Odes et Ballades*, signe *le Cochon de Saint-Antoine*.

Le nom sincèrement français qui a signé *Caligula*, signe *le Demi-Monde*.

Le nom qui a signé *Jocelyn*, signe *des Billets de Loterie*.

Dieu et la France ont quitté leurs poètes, dès que leurs poètes, en trahissant l'Empire, ont trahi le Peuple. Et quand l'un d'eux, proscrit volontaire, voudra ramener à lui l'attention de la France, à laquelle jadis il donna tant de chefs-d'œuvres, pour reconquérir cette attention, il sera obligé d'écrire le nom de Waterloo sur son roman et d'y glorifier l'Empereur!

Malgré l'éblouissement, qu'ils soient bénis, les jeunes poètes, les jeunes écrivains, les jeunes artistes de la Restauration.

Leur action sur les masses a été aussi féconde que providentielle.

Chargés de vulgariser les idées et le culte de l'Empire, ils ont accompli leur tâche.

C'est maintenant à nous de les arracher, ainsi que leurs fils, à la fascination bourgeoise, et de rendre aux Épopées les noms qu'elles réclament.

Le Peuple le fera.

Quand vous serez tous rassemblés dans une pensée commune, l'esprit de Dieu sera au milieu de vous !

III

C'est pendant la Restauration, au bruit des voix harmonieuses des poètes, sous l'influence de l'oppression bourgeoise, dont ils entrevoient l'intention féodale, que de sérieux penseurs brassent, dans l'ombre, les éléments de la réorganisation sociale, commencée sous l'Empire et rendue absolument nécessaire par l'accessibilité du Peuple à tous les droits, sous la direction suprême de la quatrième Race.

Ce ne sera que plus tard que ces penseurs exprimeront publiquement leurs idées. C'est sous la Restauration qu'ils les conçoivent, et ils les puisent dans une Révélation sociale qui, depuis le commencement du Monde, a marché de pair avec la Révélation céleste, dans laquelle, tôt ou tard, elle s'identifiera par le Catholicisme, pour obéir à la loi d'Unité, alors comprise de tous.

La gloire, l'intérêt, le bien-être de la France exigent qu'elle soit et qu'elle reste catholique.

Il s'agit seulement de s'entendre sur la signification du mot catholicisme et sur les engagements qu'impose à la France son titre de fille aînée de l'Église.

Je dirai plus tard à ce sujet toute ma pensée.

Mais, dès à présent, je déclare que je ne crois pas manquer à mes devoirs de catholique en prêtant à la Révélation sociale l'attention qu'elle mérite, et en comparant, pour son importance, la transformation opérée dans l'Humanité par la venue de Napoléon Ier à celle qu'opéra la venue du Christ.

Voici, du reste, à ce sujet, l'opinion de l'homme qui nous gouverne :

« L'Idée napoléonienne a jailli du tombeau de » Sainte-Hélène, de même que la morale de l'É- » vangile s'est élevée triomphante malgré le sup- » plice du Calvaire.

» La foi politique, comme la foi religieuse, a » eu ses martyrs; elle aura, comme elle, ses apô- » tres; comme elle, son Empire. »

Ce que Napoléon III écrivait à Londres en 1840, est la vérité.

Et loin de voir, dans les réformateurs sociaux, qui ont étudié la question du Travail et les moyens de la résoudre, des adversaires de l'Idée Napoléonienne, je vois, en eux, des disciples de cette Idée, et j'affirme que c'est autant à leurs études qu'aux chants des poètes nationaux que le Peuple doit d'avoir conservé la Religion de l'Impérialisme jusqu'à la résurrection de l'Empire.

Pour la question sociale, largement posée par le triomphe de l'Égalité conventionnelle, Saint-Simon, Enfantin, Fourrier ont été des pionniers dont on doit sérieusement suivre la trace, car il ne manque, pour que cette trace reste la bonne, que d'éclairer la route qu'elle signale du flambeau de la Révélation religieuse.

L'Empire napoléonien est-il, oui ou non, le Gouvernement de l'Humanité majeure ; c'est-à-dire de l'Humanité égalitaire ?

Évidemment oui.

L'Égalité est-elle possible sans l'obligation du Travail, sans l'accessibilité au Travail, sans la hiérarchie par le travail ?

Évidemment non.

Ceux donc qui recherchent les moyens d'obliger chacun à travailler pour tous, de rendre le

Travail accessible à tous, et de juger, d'après le
Travail, quels sont les hommes dignes de diriger
les autres hommes, sont, à ne s'y point mépren-
dre, des instruments volontaires ou involontaires
de l'Idée Napoléonienne.

Toute profession de foi sociale est une profession de foi Napoléonienne.

« Mais, — me crie-t-on, — vous vous élevez
contre Luther et vous prêtez une attention sérieuse
à Enfantin. »

Quelle différence !

Luther, c'est la Liberté dissolvante. — Enfantin, c'est l'aspiration vers l'Égalité organisatrice.

Avec Luther vous tournez à jamais le dos à l'U-
nité, qui est le critérium divin ; avec Enfantin vous
lui faites face, vous l'entrevoyez, et c'est par les
hommes d'Égalité qu'aura lieu la grande réconciliation catholique de l'Avenir.

Je vous dis donc : — « lisez les réformateurs
sociaux, vous qui étudiez les causes de la résurrection impériale, et, si vous êtes assez forts pour dégager leurs œuvres des rêves au sein desquels elles
ont été conçues, vous vous trouverez devant l'iné-
luctable problème du Travail, dont la solution n'est
autre que l'organisation impériale de l'Avenir. »

C'est pendant la Restauration, au bruit des voix
harmonieuses des poètes, sous l'influence de l'op-

pression bourgeoise dont ils entrevoient l'intention féodale, que de sérieux penseurs bravent dans l'ombre les éléments de la réorganisation sociale rendue absolument nécessaire par l'avènement du Peuple à tous les niveaux, sous la direction suprême de la Quatrième Race.

IV

J'ai dit que, de 1815 à 1830, de Waterloo à Juillet, je ne voyais rien de culminant à la surface des Nations qui fût un acte des Souverainetés-Races.

L'affranchissement de la Grèce pourrait préparer l'Orient à l'exercice de l'influence occidentale ; — il augmente l'influence de l'Angleterre sur le Levant, et n'est qu'un moyen dont elle se servira pour obtenir de la Turquie ce que bon lui semblera contre l'Europe.

La guerre d'Espagne, conception vraiment digne des Bourbons, ne produit aucun résultat sérieux, si ce n'est celui d'inspirer à l'Oligarchie anglaise

la pensée de renverser de nouveau ceux qu'elle a
ramenés aux Tuileries.

La Restauration, je le répète, n'est qu'une lutte
prolongée entre la troisième Race et la Bourgeoisie,
chargées par l'Étranger de contenir la France.

Louis XVIII, bien qu'à contre cœur, s'est prêté
à cette mission : — il y a toujours eu en lui le
comte de Provence qui a corrompu le Roi.

Mais, à sa mort, il est remplacé par Charles X :
— un Français véritable, un Bourbon digne de ce
nom, que la fatalité de sa Race condamne seule.

Charles X s'indigne de sentir, entre lui et le
Peuple, la classe ingrate et déprédatrice à laquelle
son frère a tout sacrifié par la main de Decazes :
dignité, richesse, pouvoir. — Le rouge lui monte
au visage d'être Roi *sur* la France et non roi de
France. Dans la conscience de sa Royauté il prépare deux actes qui seraient une rédemption, si
l'abdication morale de Louis XV pouvait être ra-
chetée : —

Il envoie Bourmont prendre Alger;

Il rédige dans l'ombre des Tuileries les ordonnances de Juillet.

Que l'exilé de Frosdorff marche haut la tête par
l'Europe; il n'est pas de Souverain sur son trône
qui efface l'éclat du souvenir d'Alger pris, brillant
à son front comme dernier legs de ses pères.

Une seule chose pourrait ternir cet éclat : — le regret des ordonnances.

Ah ! si le Peuple avait été avec la Race !

Il n'était pas avec elle ; mais, sur l'honneur du Peuple, il n'était pas avec les deux-cent-vingt-et-un spoliateurs de Royauté qui ont appelé Louis-Philippe au trône ; et, s'il s'est battu, c'est pour autre chose.

Qand l'impartiale Histoire aura repris à la Bourgeoisie le crayon dont la Bourgeoisie ne se sert que pour glorifier les victorieux, les ordonnances de Juillet seront jugées une grande chose, et le nom de Polignac sera prononcé avec respect.

C'est que, dans les ordonnances de Juillet, signées après le chant du *Te Deum* de Notre-Dame, il y avait, au-dessus de tout, la préoccupation du Peuple et la protestation de la troisième Race contre le rôle anti-français qu'elle jouait depuis 1815.

J'ai rencontré, dans un salon, le fils de ce ministre français, et j'ai salué en lui son père.

« Mon père a eu tort, » — m'a-t-il répondu.

J'ai haussé les épaules et je suis passé.

Les Capétiens sont donc bien condamnés !

Sans cela, ils auraient eu facilement raison de la partie funeste de la Bourgeoisie.

Mais l'Oligarchie anglaise qui veillait depuis An-

dujar, qui rugissait depuis Alger, souffla ces mots
à la Bourgeoisie : ——

« Insurge le Peuple en arborant le drapeau tricolore. Je me suis arrangée de façon à ce que
rien ne bouge plus à Schœnbrunn, et pas un héritier de Napoléon n'est en âge d'accourir ! »

Le drapeau tricolore fut arboré ; on sait les trois
jours.

Et quand le Peuple eut châtié de nouveau
Louis XV, dans le roi chevalier qui ne songeait
qu'uà faire oublier Louis XV, deux-cent-vingt-et-un
hommes, en redingotes mesquines, se glissèrent
dans l'enceinte du Corps Législatif ; et, prenant la
couronne de leurs mains de loups-cerviers et
de procureurs, ils l'offrirent à l'homme dont le père
avait guillotiné Louis XVI.

Alors on vit cet homme s'acheminer vers l'Hôtel-
de-Ville, en souriant aux barricades ; donner la
main aux combattants ivres, — pas à ceux qui le
regardaient sombres ; — puis se jeter dans les bras
du vieillard qui, jeune homme, avait laissé des
assassins violer la chambre de Marie-Antoinette,
homme, avait poussé Napoléon vers Sainte-Hélène,
et n'était arrivé à l'extrême limite de la vie, que
pour couronner le fils de Philippe-d'Orléans.

La Bourgeoisie allait régner !

Mais ce n'était pas pour cela que s'était battu

le Peuple ; c'était, au contraire, pour que la Bourgeoisie ne régnât pas, pour reconquérir le drapeau
tricolore avec l'aigle, pour voir surgir à la frontière Napoléon dans un Napoléon.

Rien ne vint de Schœnbrunn.

L'Angleterre s'était arrangée de façon à ce que
rien n'y bougeât.

Quant à la troisième Race, délivrée, pour son
honneur, par Charles X, de ses engagements envers les coalisés, elle s'en allait à Cherbourg, un
enfant dans les bras, digne désormais de pleurer
la France.

Les ordonnances avaient racheté l'émigration et
le retour.

Elle partait, convaincue qu'elle ne régnera jamais, car, pour régner, il lui faudrait pardonner
encore au bourreau de Louis XVI et à l'homme
qui, ayant la garde d'un berceau, a repoussé ce
berceau du pied.

I

Dans le sombre palais des empereurs d'Autriche, erre un jeune homme en uniforme blanc;
il est pâle comme la mort même et ses grands
yeux bleus semblent incessamment nager dans
l'étendue. Ceux qui le voient passer et se sou-
viennent du trône sur lequel il est né, s'atten-
drissent soudain. Sa mère, au bras d'un homme,
indigne de la première venue, oublie qu'elle a été
l'Impératrice de France. Le jeune homme ne peut
plus pleurer, lui ! Ce qu'il sait de son histoire, il a
fallu qu'il le devinât, car l'Oligarchie anglaise, qui
a enchaîné le père sur un roc, a emprisonné le fils
dans ce palais, de complicité avec celui des diplo-

mates qui connaît le mieux, après Talleyrand, les effigies auxquelles sont frappées les guinées anglo-saxonnes. De temps à autre, le jeune homme s'arrête, la poitrine oppressée, et, dans l'ombre, on entend des voix qui disent : « — Ce sera bientôt ! » — Mais il reprend sa marche sous les galeries obscures, se heurtant aux angles et murmurant des mots sans suite. Parfois un valet se dresse devant lui, un plateau à la main. Sur ce plateau, il y a un verre plein. — C'est un calmant ! — Le jeune homme prend le verre ; le porte à ses lèvres pâles qui s'illuminent d'un sourire ; le tarrit, et, le posant sur le plateau avec un tremblement fébrile, il murmure aussi lui : « — Ce sera bientôt ! » — Le soleil disparait ; la nuit enveloppe Schœnbrunn, et, dans le sombre palais des empereurs d'Autriche, erre un jeune homme en uniforme blanc ; il est pâle comme la mort même et ses grands yeux bleus semblent incessamment nager dans l'étendue.

Une nuit, le jeune homme, en uniforme blanc,
s'est renfermé seul dans sa chambre. Depuis huit
jours, il ne boit plus que l'eau qu'il a puisée aux
sources des montagnes qu'il parcourt à cheval, sous
les yeux de ses serviteurs-geôliers.

Il s'est assis devant une table; il tire de son
sein une miniature, la pose devant lui et la contemple.

C'est le portrait de son père!

Et devant cette image auguste, il retrouve des
larmes; il lui semble l'entendre éclater en sanglots; il lui semble voir, sur une plage déserte,
un homme assis qui lui envoie des baisers par

dessus les vagues, et qui se déchire le sein en pensant à lui.

Chacune des larmes que répand le jeune homme devient un miroir sur le marbre de la table, et dans ces miroirs, qui font un collier de lumière au portrait de Napoléon, son fils voit se dérouler l'Épopée Impériale et son enfance à lui : — le Roi de Rome !

Il voit Toulon et la Moscowa, Austerlitz et Waterloo, la campagne d'Égypte et la campagne de France !

Il voit la petite voiture et les deux chèvres de Saint-Cloud, avec les grognards qui pleurent d'attendrissement sur son passage, et les Maréchaux de France, qui se découvrent pour baiser sa main ou pour lui demander, humblement, la permission de toucher de leurs lèvres ses boucles blondes.

Il voit la France et le Peuple de France qui veillent, attentifs, sur son berceau.

Alors il dégraffe son uniforme, se passe la main sur sa gorge, comme pour permettre aux sanglots de s'en échapper plus facilement ; il renvoie, avec une frénésie sainte, tous les baisers venus de Sainte-Hélène vers Sainte-Hélène, et il parle : —

» — Mon père ! Mon père ! Je vous vois et j'ai
» le cœur déchiré. Pour vous punir d'avoir rêvé
» le bonheur de toutes les mères, ils vous ont ac-

» cusé d'avoir voulu leur ravir leurs enfants ; ils
» vous ont accusé d'avoir voulu la guerre, vous
» qui n'avez jamais voulu que la paix, mais la
» paix féconde au Peuple ! Ils vous ont enchaîné
» par trahison sur ce rocher, d'où vous n'avez
» cessé de me tendre les bras et de m'appeler. Le
» plus grand homme des siècles sera mort sans
» embrasser son fils. Ce qu'on ne refuse pas aux
» galériens, l'Angleterre l'a refusé à Napoléon !

» Mon père, ils ne m'ont pas tout dit, mais j'ai
» deviné. — Je ne suis pas le colonel duc de
» Reischtadt : je suis Napoléon II ! — Je ne suis pas
» le soldat de l'Autriche : — je suis l'élu de la
» France ! Tu es mon père !

» Et ma mère, grand Dieu ! ma mère !

» Toutes les fois que je vous regarde et que je
» prononce votre nom, je me sens emporté au-
» dessus du Monde et je veux être digne de ce
» vol d'aigle.

» Toutes les fois que je pense à elle, je me sens
» précipité du Ciel sur la Terre, où je reste cloué
» sans force et sans volonté.

» Pourquoi m'avez-vous donné le jour ?

» Je me sens entraîné par votre nom vers
» l'Avenir.

» La voix de ma mère me crie : — « Tu es le
» Passé ! »

» J'ai votre âme, j'ai votre cœur, j'ai votre es-
» prit, mais tout cela est enchaîné dans mon être
» par je ne sais quels liens d'acier qui font que ni
» mon âme, ni mon cœur, ni mon esprit, ne sont
» complétement vous.

» Entre votre héritage et moi, il y a ma mère !

» Mais que suis-je donc alors, si je ne puis
» l'écarter, elle que j'aime et qui ne m'aime pas ;
» elle qui, depuis si longtemps, n'est pas venue
» m'embrasser, et que je voudrais cependant bien
» presser sur ma poitrine, dans l'espoir de pouvoir
» un instant oublier sur la sienne !

» Je suis ma condamnation et la vôtre !

» Vous me dites de regarder vers la France ? —
» En effet, si elle voulait, elle !... Elle le veut !
» Elle m'attend ! C'est parce qu'elle m'attend que
» je me suis préparé cette nuit à partir !

» Ah ! je ne suis plus que vous, mon père. —
» C'est Marie qui vient ! »

Le jeune homme court à une porte cachée dans
la muraille ; il pousse un ressort ; la porte s'ouvre :
— une jeune fille paraît qui tombe aux genoux
du Prince et lui baise les mains en disant :

» — Sire, êtes-vous prêt ?

» — Oui ! Tu as l'uniforme ?

» — Oh ! Sire, fuyez ainsi. Les chevaux attendent ; nos amis sont là.

» — Oh ! l'uniforme de France ! »

Elle lui remet un paquet qu'elle portait à la main.

Le jeune homme en déchire l'enveloppe plutôt qu'il ne l'ouvre ; il arrache le frac blanc qui lui pèse ; il revêt le costume bleu de nos généraux, et il passe, transfiguré, devant son père !

« — Enfin ! embrasse-moi, Marie, toi qui es la » France ! Embrasse-moi et partons. — Ils me » croient endormi ; ils ne peuvent soupçonner que » je vais fuir, et demain, quand ils viendront, il » sera trop tard : nous serons loin déjà ! »

Le jeune homme s'enveloppe d'un épais manteau, et, enlaçant la jeune fille, il descend l'escalier secret. Une seconde encore, ils seront dans la campagne. — Les chevaux piaffent aux mains du père de Marie.

« Enfant aimée, je ne suis plus l'homme d'hier ; » je suis l'Empereur ; je suis l'homme de l'Avenir. » Ah ! cette fois, ma mère n'est pas entre moi et » l'Empire ! »

A peine a-t-il dit ces derniers mots, qu'un grand bruit éclate dans les cours ; une lourde voiture de voyage bondit sous les voûtes de Schœnbrunn ; des torches brillent autour d'elle, et les postillons crient à la domesticité accourue : —

— « Place ! place à l'Archiduchesse Marie-
» Louise, qui vient embrasser son enfant ! »

Napoléon II pousse un cri terrible et tombe
évanoui.

L'aigle partait,

Le Passé fatal est apparu !

En vain Marie cherche à ranimer le jeune
homme ; il revient à lui, mais ce n'est plus Napoléon II, c'est le duc de Reischtadt.

« — Ah ! par pitié, venez, Sire !

» — Non, Marie, non, va-t'en !

» — Venez !

» — Va-t'en ! »

Et dans les appartements qui s'éclairent, les
voix répètent :

« Place à l'Archiduchesse Marie-Louise , qui
» vient embrasser son enfant ! »

Une heure après, l'Archiduchesse est assise au
chevet d'un agonisant.

Debout, auprès du lit, les ministres de son père
présentent, sur un plateau, le calmant venu de
Londres.

« — Prends, mon fils !

» — Ah ! donnez, ma mère ! »

Il boit.

Et ses regards, perdus dans l'espace, cherchent
la France, Marie, l'Empereur ; puis il délire et, lui

aussi, il s'écrie en retombant froid sur sa couche :

« Tête armée ! »

Comme son père, l'infortuné jeune homme est mort victime de l'oligarchie anglaise et de l'absolutisme aveugle, monstrueusement alliés contre les idées rédemptrices des Peuples ; mais, comme son père, il a, par la pensée, entendu sonner l'heure de la revanche des Peuples, et il a entrevu, président à cette revanche, qui ?

La tête armée !

III

Dans le sombre palais des empereurs d'Autriche, errait un jeune homme en uniforme blanc ;
il était pâle comme la mort même, et ses grands
yeux bleus semblaient incessamment nager dans
l'étendue. Ceux qui le voyaient passer et qui se
souvenaient du trône sur lequel il était né, s'at-
tendrissaient soudain. Sa mère, au bras d'un
homme indigne de la première venue, oubliait
qu'elle avait été l'Impératrice de France. Le jeune
homme ne pouvait plus pleurer, lui ! Ce qu'il sa-
vait de son histoire, il avait fallu qu'il le devinât,
car l'Oligarchie anglaise, après avoir enchaîné le
père sur un roc, avait emprisonné le fils dans ce

palais, de complicité avec celui des diplomates qui
connut le mieux, après Talleyrand, les effigies
auxquelles sont frappées les guinées anglo-saxo-
nes. De temps à autre, le jeune homme s'arrê-
tait, la poitrine oppressée, et, dans l'ombre, on
entendait des voix qui disaient : — « Ce sera
bientôt! » — Mais il reprenait sa marche sous les
galeries obscures, se heurtant aux angles et murmurant des mots sans suite. Parfois, un valet se
dressait devant lui, un plateau à la main. Sur ce
plateau, il y avait un verre plein. — C'était un
calmant! — Le jeune homme prenait le verre;
le portait à ses lèvres pâles qui s'illuminaient d'un
sourire; le tarissait, et, le posant sur le plateau
avec un tremblement fébrile, il murmurait aussi,
lui : — « Ce sera bientôt! » — Le soleil dispa-
raissait; la nuit enveloppait Schœnbrunn, et, dans
le sombre palais des empereurs d'Autriche, errait
un jeune homme en uniforme blanc; il était pâle
comme la mort même, et ses grands yeux bleus
semblaient incessamment nager dans l'étendue.

LA NÉGATION COURONNÉE

I

Je me suis arrêté devant le règne de Louis-
Philippe d'Orléans, fils du Prince qui vota la mort
de Louis XVI, héritier en ligne directe de l'homme
qui sollicita, pour Dubois, le chapeau de Cardinal
et donna naissance à la portion funeste de la Bourgeoisie, en autorisant Law à inaugurer en France
le culte inintelligent du capital. — J'ai admiré à la
droite du Roi une Sainte, sur les marches du
Trône, la plus loyale et la plus belle des familles;
et, voyant tout cela aboutir à l'abîme, je n'ai pu
m'empêcher, de nouveau, de constater que Dieu
est resté le Dieu de la Bible, le Dieu qui ne per-
met pas que des générations puissent surgir glo-

rieuses d'une origine impure. — La Royauté de Juillet a été négative. Imposée à la France par des hommes qui n'étaient pas la France et qui, loin de là, n'avaient au contraire d'autre intention que celle d'empêcher la France de reprendre son vol impérial, cette Monarchie a succombé sous le mépris du Peuple, le jour où elle a fait un seul acte affirmatif de nature à inquiéter l'Oligarchie anglaise et à justifier l'abandon de cette Oligarchie.

Dans les ténèbres de l'Histoire, il est possible, — et cependant je le nie instinctivement, — que le crime ait pu servir parfois de bases à des élévations dynastiques, et que de grands coupables aient fini par identifier en eux de grandes Nations. — Et même, avant de se prononcer sur ce que l'époque actuelle appellerait justement, à son point de vue, les crimes de ces grands coupables, il serait équitable de se reporter, par la pensée, à l'époque où ils ont vécu et de ne se prononcer, sur la signification de leurs crimes, qu'après une longue étude du milieu dans lequel ils auraient agi. — Ce Ce ne serait, du reste, pas encore une raison digne d'être invoquée pour légitimer une dynastie. L'Humanité est, depuis des milliers d'années, en travail d'une morale politique, et ce n'est point à l'heure de sa majorité qu'elle pouvait ériger le crime en fondateur de dynastie.

La majorité atteinte par l'Humanité entraîne avec elle le triomphe du droit pur et l'entier sacrifice des intérêts de famille, de la part des Races souveraines. Ces Races sont trop à même, aujourd'hui, de se convaincre de l'alliance intime de leurs intérêts avec ceux des Nations qu'elles gouvernent pour se préoccuper de satisfaire les uns en dehors des autres. — Et, il est si vrai que l'Humanité, en devenant majeure, a exigé des Races Souveraines, de nouvelles garanties de désintéressement et de moralité, que chaque année ajoute à l'impossibilité dans laquelle sont les familles régnantes de se soustraire à l'exercice des vertus mises en honneur par l'avènement des Peuples.

L'élu des deux-cent-vingt-et-un, quelques efforts qu'il fit pour faire oublier les fautes de ses pères et les siennes propres, ne pouvait régner sur la France sans signifier justement le contraire des vertus qu'il faut personnifier pour régner au nom du Peuple français. — Sa présence sur le Trône ne pouvait que produire une décomposition rapide des éléments sociaux, le triomphe des égoïsmes sur les devoirs et, par conséquent, l'immolation de l'honneur national à tous les funestes instincts. — L'événement a prouvé que l'Oligarchie anglaise avait bien choisi l'homme destiné à produire ces funeste résultats.

Louis-Philippe, dont je ne troublerais pas la cendre, si l'intérêt de la France ne devait passer avant le repos des tombes, avait le malheur de personnifier tout le côté impardonnable de la Révolution, c'est-à-dire toute l'influence déprédatrice et cruelle qui, spéculant sur la faiblesse des Rois et l'irritabilité des foules, crut pouvoir construire un édifice nouveau avec des débris ensanglantés. — Louis-Philippe, c'était l'Athéisme : — par le Régent, par le protecteur de Danton, par lui-même, qui avait rempli les Jacobins de ses protestations anti-religieuses. — C'était le Régicide moral et matériel : — par le Régent, corrupteur de Louis XV, par Philippe d'Orléans, le conventionnel votant la mort, par lui-même enfin, qui venait de repousser du pied le berceau d'un enfant confié à ses soins. — C'était le mépris de la Famille : — par le Régent qui avait possédé sa fille, par Philippe d'Orléans, qui avait joui des larmes de Marie-Antoinette, par lui-même, qui avait oublié les bienfaits de ses aînés et allait exposer aux risées de l'Europe le lit de douleurs de sa nièce héroïque. — C'était l'avidité, non le respect de la Propriété : — par le Régent, qui avait livré la France à Law, par Philippe d'Orléans, qui s'était mis à toucher de ses mains, en les augmentant, ses loyers du Palais-Égalité, par lui-même dont on connaît les instincts avides. — C'était le Suicide de la conscience humaine, le pernicieux conseil de l'exemple ; c'était, surtout, l'oubli complet de l'honneur, de la gloire, de la fortune de la France : — par le Régent, qui sacrifiait tout cela à ses prostituées, par Philippe d'Orléans, qui l'avait sacrifié à son ambition, par lui-même qui, le lendemain de son avènement au Trône, se jetait à plat-ventre devant le Czar, envoyait Talleyrand à Londres signer un pacte d'alliance, et laissait un de ses fils hériter, au grand scandale du Monde, des biens d'un malheureux Prince trouvé pendu.

Et toutes ces impossibilités, il ne les personnifiait pas, à l'exclusion de celles qui avaient condamné les Bourbons à ne point régner, car il réunissait en lui les unes et les autres. — C'était aussi le Prince revenu à la suite de l'étranger, non pas avec un semblant de courage et l'épée au soleil, mais avec une supplique d'une main et un exploit de l'autre : — la supplique pour celui qu'il appelait son Roi, l'exploit pour un procureur, au cas où la clémence bourbonnienne n'aurait pas commis l'imprudence de lui rendre cent millions de propriétés. — C'était par conséquent aussi l'émigré, non l'émigré coupable de s'être lavé les mains du sang répandu, mais l'émigré parti les mains teintes de ce sang. — C'était, enfin, le talon de la sainte alliance sur le cou du Peuple français, puisque au lendemain de son triomphe, il n'avait rien de plus pressé que de se faire continuer, par elle, la confiance dont le chevaleresque Charles X venait, à son honneur, de se rendre indigne.

J'en appelle à la simple raison, à quoi le triomphe d'un tel symbole pouvait-il conduire une Société, et de qui ce triomphe pouvait-il être l'œuvre? — L'Histoire se demandera un jour s'il est bien vrai qu'au nom de la France, une semblable chose ait pu avoir lieu, et elle s'étonnera de la vitalité d'une Nation qui a pu résister à ce suprême élément de décomposition soudain doté du droit de présider à ses destinées. — Idée de Dieu, Idée de la Monarchie, Idée de la Famille, Idée du Patriotisme, Idée, respect de la Propriété, que pouviez-vous devenir sous un tel règne? — Quel enfant pouvait prier, quand le Roi faisait mettre à sac Notre-Dame? — Quel homme pouvait croire à la Monarchie, quand le Roi trinquait avec les prétendus vainqueurs de Rambouillet? — Quelle femme pouvait croire au respect de la Société pour sa fille, quand les geôliers de Blaye avaient le droit de pénétrer dans les secrets intimes de l'héroïque duchesse de Berry? — Quel travailleur pouvait avoir la pensée d'acquérir lentement, quand il était à même de se dire qu'une fortune rapide était un titre à l'exercice de la souveraineté, quelque mal acquise que fût cette fortune ?

La simple raison frémit. — Qui donc essaierait de démontrer que Louis-Philippe a signifié autre chose que la négation, sinon le crime sur le trône ? — Et c'est cette négation que Dieu a frappée. — Les jeunes princes d'Orléans, dans leur exil, sont respectables comme officiers de l'Armée de la France. — Du moment où ils voudraient se donner comme prétendants, ils ne pourraient pas signifier autre chose que ce qu'a signifié leur père ; car, malheureusement pour eux, et heureusement pour l'Humanité majeure, Dieu ne peut plus permettre que le crime s'érige en droit. — J'oublie : — ils signifieraient une chose de plus que leur père, et cette chose serait la haine de la France poussée au point de préférer leur Patrie dans la servitude oligarchique à la savoir libre et maîtresse du Monde sous les aigles impériales.

Les d'Orléans, comme principe, ne peuvent être une Race : — ils ne sont qu'un remords !

Je me suis arrêté devant le règne de Louis-Philippe d'Orléans, fils du Prince qui vota la mort de Louis XVI, héritier en ligne directe de l'homme qui sollicita, pour Dubois, le chapeau de cardinal et donna naissance à la portion funeste de la Bourgeoisie, en autorisant Law à inaugurer en France

le culte inintelligent du capital. — J'ai admiré à la
droite du Roi une Sainte, sur les marches du
Trône, la plus loyale et la plus belle des familles;
et, voyant tout cela aboutir à l'abîme, je n'ai pu
m'empêcher, de nouveau, de constater que Dieu
est resté le Dieu de la Bible, le Dieu qui ne per-
met pas que des générations puissent surgir glorieuses d'une origine impure. — La Royauté de
Juillet a été négative. Imposée à la France par des
hommes qui n'étaient pas la France et qui, loin de
là, n'avaient, au contraire, d'autre intention que
celle d'empêcher la France de reprendre son vol
impérial, elle a succombé sous le mépris du Peuple,
le jour où elle a fait un seul acte affirmatif de nature à inquiéter l'Oligarchie anglaise et à justifier
l'abandon de cette Oligarchie.

II

Je me suis arrêté devant les hommes, qui ont
gouverné la France au nom de la Royauté de Juillet, et j'ai supplié Dieu d'effacer de l'Histoire de
France jusqu'au souvenir des actes de ces hommes. Dieu m'a répondu, que les leçons les plus
éloquentes étaient celles qui faisaient monter le
plus de rouge au front des Peuples.

J'ai dû résumer ainsi le gouvernement de ces
hommes : —

Toutes les institutions sociales bouleversées, et
bien autrement compromises, dans cette orgie pacifique, que pendant l'orgie sanglante de quatre-
vingt-douze. — Deux sentiments guidant les

hommes du pouvoir : — la crainte de l'étranger ;
la satisfaction de leur intérêt et des intérêts de
ceux qui les servent. — Toute ancre de salut
jetée à la mer ; la Nationalité foulée aux pieds ; le
vaisseau de l'Etat flottant à la dérive, au gré du
vent qui souffle de Londres.

La Présidence du conseil des ministres est, d'a-
vance, acquise à celui que ce souffle y portera ;
la pairie ou la députation ne sont obtenues, qu'à la
condition de ne heurter ni les susceptibilités de la
Sainte-Alliance, ni les intérêts de la portion funeste de la Bourgeoisie.

Le Roi nomme les Pairs.

La portion de la Bourgeoisie, qui l'a élevé, nomme
les Députés.

Cela se passe en famille. — Le Peuple a été
remuselé peu à peu.— A ses demandes de dignité,
Saint-Mery répond. — A ses demandes de pain,
l'échafaud de Buzançais répond.

Il est des Peuples qui appellent au lointain la
France : — Beyrout est un monceau de cendres,
Cracovie est bâillonnée.

Nos amiraux sont honteux de croiser les mers
sous notre pavillon : — Pritchard l'emporte sur
nos amiraux.

Nos généraux engagent à un vaincu la parole

de la France : — Nous allons retrouver le vaincu parqué à Amboise.

La Belgique veut être Française : — On repousse les Belges à un signe de l'Angleterre.

C'est avec des Deutz qu'on moralise le Royaume.

Au bout de dix-huit ans d'un tel gouvernement, l'Oligarchie anglaise croit le moment venu d'en finir avec la forme monarchique en France, tant elle est certaine que la France ne doit plus être digne que d'une fédération de ses provinces, sous la tutelle anglo-saxonne.

Elle profite des mariages espagnols pour retirer sa main de la main de la Royauté de Juillet, et la Bourgeoisie, qui comprend à demi-mot, retire son appui à cette Royauté.

Alors le Gouvernement qu'elle a choisi se sauve par les fenêtres, et tous ceux qui, de près ou de loin, ont eu, avec lui, des relations, viennent les désavouer et proclamer qu'ils ont toujours nourri, en eux, la haine du Roi qu'ils servaient.

La décomposition est complète.

Y a-t-il rien de plus affligeant, dans les souvenirs d'un Peuple, que la chute du Gouvernement de Juillet; que ce Roi, s'en allant en blouse, ayant au bras la Niobé antique; que ces princes, abandonnant leurs compagnes demi-nues à la foule, qui, heureusement, est une foule française; que ces généraux, sans ordres, laissant l'Armée donner ses fusils ; que ce petit Prince, allant, aux bras de sa mère, réclamer la couronne, et ne trouvant pas même, parmi ceux que son aïeul a repus, un seul homme qui le protége, contre le flot des ingratitudes et des lâchetés ?

A de tels effets, la recherche des causes vient à la pensée des Nations, et c'est alors qu'elles sont obligées de reconnaître qu'on ne couronne pas l'Athéisme, le Régicide et l'Égoïsme sans légitimer l'ingratitude, la lâcheté, le mépris. — L'aspect de la décomposition repoussante dont se réjouissent les haines étrangères, est une force contre ces haines, car il est impossible qu'un Peuple qui a eu, devant les yeux, un semblable spectacle puisse jamais laisser s'en renouveler les causes.

J'ai assisté, moi, enfant du Peuple, à cette débandade de la Souveraineté bourgeoise, et je me souviens qu'en voyant les Députés s'enfuir, au moment où le jeune comte de Paris trouvait un abri dans le sein d'un ouvrier, je me suis mis à pleurer à chaudes larmes, devant la belle figure du duc de Nemours qui ne tirait pas l'épée, — parce qu'il comprenait, lui !

J'entends bien des fois attribuer au Peuple Février, comme on lui attribue Quatre-vingt-neuf. — Il faut n'avoir jamais réfléchi pour commettre

cette injustice. — Quand passe le moissonneur
dans un champ de blé mûr, et qu'il charge, sur son
dos, les gerbes, est-ce à lui qu'il faut attribuer la
moisson ou aux hommes qui, passant avant lui sur
le même sol, ont semé dans les sillons le grain qui
a surgi?

Ce sont les deux-cent-vingt-et-un qui ont semé
Février dans les sillons de la France!

Que ceux qui seraient tentés de renouveler l'ex-
périence sachent bien que, c'est grâce aux deux-
cent-vingt-et-un, que le Peuple moissonneur est
venu faucher l'herbe mauvaise afin de la jeter à
la flamme.

Ce sont eux qui ont fait mûrir tout ce que nous
avons été obligé de récolter de hontes et de dé-
goûts.

C'est en disant : — « Couronnons le Régicide! » — qu'ils ont légitimé Fieschi.

C'est en disant : — « Ne pensons qu'à nous enrichir! » — qu'ils ont légitimé Teste.

C'est en disant : — « Sacrifions tout à nos intérêts! » — qu'ils ont, peu à peu, comblé la mesure
de l'indignation, et qu'un jour, Dieu décidant,
Lamartine a, comme malgré lui, jeté le nom de
Robespierre dans l'espace, tandis que les ouvriers,
revenant du travail, lui répondaient :

« Mourir pour la Patrie,
» C'est le sort le plus beau,
» Le plus digne d'envie ! »

Je me suis arrêté devant les hommes qui ont gouverné la France, au nom de la Royauté de Juillet, et j'ai supplié Dieu d'effacer de l'Histoire de France jusqu'au souvenir des actes de ces hommes. Dieu m'a répondu que les leçons les plus éloquentes étaient celles qui faisaient monter le plus de rouge au front des Peuples.

III

Il y a deux sortes d'historiens : — Ceux qui,
s'armant du flambeau de la Foi, remontent le
cours des événements, avec la volonté bien arrêtée
de se rendre compte du lien qui les rattache au
plan providentiel, de l'influence qu'ils ont exercée
sur l'ensemble de tous, ou de l'importance qu'ils
ont eue, de par la volonté divine, dans tel ou tel
milieu providentiel; — ceux qui, sans conviction
aucune, animés du seul désir d'obéir à leurs passions ou de gagner leur salaire, ne jugent les événements qu'au gré de leur tempérament ou du
mot d'ordre de leurs maîtres, et prétendent être
vrais et loyaux parce qu'ils disent à la foule ce

qu'ils ont personnellement éprouvé devant tel ou tel fait culminant, devant telle ou telle grande figure, ou parce qu'ils ont obéi à l'impulsion qui leur est imposée.

Les premiers sont dignes du titre qu'ils portent; les seconds ne sont que des agents méprisables de désorganisation. — Il y a, entre les uns et les autres, la différence qui existe entre les esprits de Dieu et les esprits infernaux.

Bossuet, pris dans son milieu, eu égard à son époque, est de tous les historiens le plus grand.

Ce qui nécessite une puissante élévation d'esprit, quand on aborde l'ensemble des événements accomplis depuis la Création, n'oblige plus qu'à de la bonne foi, lorsqu'on veut juger ceux qui se sont déroulés, autour de nous ou autour de nos pères, depuis un siècle.

Et il faut, par exemple, ne pas être de bonne foi pour refuser de voir la main de la Providence disposant, depuis un siècle, tous les événements en vue de l'Impérialisme, dans les limites de son action sur le libre-arbitre des Nations et des hommes.

Si nous admettons un instant mil-huit-cent-trente possible sans la prise d'Alger, nous comprendrons qu'une de ses plus magnifiques possibilités régénératrices manquait à la France, car il

lui fallait se réveiller à l'Impérialisme avec une armée, et, sans l'Afrique, son réveil, était condamné
à toutes les convulsions déjà traversées en quatre-
vingt-douze.

Aussi quels instinctifs efforts de la part de la
Bourgeoisie pour obtenir l'abandon de la conquête
des Bourbons ! — Louis-Philippe, lui-même, semble
se prêter à cet abandon, et l'Oligarchie anglaise
lui crie : — « Je le veux ! » — Mais ce serait trop
de honte ; et quelque humiliée que soit déjà la
France, on n'ose pas lui imposer cette humiliation
nouvelle. Et, sous le ciel d'azur des provinces africaines, les cohortes de l'Empire futur s'organisent
dans la victoire, sous la direction d'officiers comme
la France seule en sait produire, et parmi lesquels
il serait injuste de ne point placer, au premier
rang, les Princes d'Orléans, contraints à l'exil volontaire par la fatalité vengeresse.

En les laissant se couvrir d'une gloire légitime,
sous la bannière de la France, en leur permettant
de faire preuve de leurs vertus, la Providence a
voulu rendre plus manifeste, au moment où elle
briserait le trône de leur père, son action répara-
trice dans l'Histoire. Indignes de ce trône, leur
chute était naturelle ; dignes de l'entourer, leur
chute démontrait clairement que les Races souveraines sont pesées dans la balance divine selon ce

qu'elles signifient, et non pas selon les hommes qui les représentent.

De 1830 à 1848, la création et le développement de notre armée d'Afrique sont, de toutes les Épopées nationales, une des plus belles. Rien ne manque à nos glorieux soldats, pas même l'épreuve de la haine et de l'ingratitude.

Il est difficile de ne pas reconnaître l'audace des coryphées de la Bourgeoisie, lorsqu'ils viennent parler, aujourd'hui, du système gouvernemental qu'elle a appliqué, en émettant la prétention de l'appliquer de nouveau, comme le modérateur nécessaire aux nobles élans de l'aigle impérial.

S'il leur est possible d'effacer, de l'esprit du Peuple, la tyrannie tracassière et mesquine des parlementaires, pourront-ils l'effacer, de la mémoire de nos généraux et de nos soldats?

Pendant dix-huit ans, l'Armée française, qui faisait des miracles pour s'élever à la hauteur des destinées de la France, a assisté au déplorable spectacle donné, contre elle, par les Chambres bourgeoises. — Si, à certaines heures, il avait suffi d'un vote pour l'anéantir, ces Chambres l'eussent donné.

Glorieux héros de Constantine, vous que Changarnier n'a pu, malgré sa bravoure, défendre contre la mort, j'en appelle à vos mânes venge-

resses?... — Et toi, Clausel, je t'interroge aussi.
Réponds-moi?...

Ne pouvant frapper l'Armée française dans sa
gloire, ils essayèrent de la frapper dans son honneur. A un moment donné, le jeune duc d'Aumale,
un fils de France, n'écoutant que la voix du sang
français qui coule dans ses veines, s'élance à la
poursuite de l'homme qui, pendant quinze ans, a
bravé courageusement nos épées : — c'est un duel
digne des temps antiques, digne de notre Patrie.
Après mille combats, le jeune Français triomphe
de l'Émir, et l'Émir, certain, désormais, de ne pouvoir vaincre tant de jeunesse unie à tant de courage, remet au Prince son glaive, n'exigeant, en
échange, que la parole du Prince de le laisser libre.

L'Armée française engage son honneur par la
bouche du duc d'Aumale. — Le courageux Émir
se rend à nous; il se laisse conduire en France; il
est tout prêt à admirer ses vainqueurs; il arrive
les bras ouverts; c'est dans une prison qu'il est
plongé. — Le Roi de France vient d'être contraint,
par la servitude à laquelle il est condamné, de
laisser protester, à la fois, la parole de son fils et
celle de son Armée.

Pourra-t-on empêcher cette Armée de reconnaître, après avoir entendu plus tard Napoléon III
apprendre à l'Émir sa liberté, dans le plus noble

des langages, que le gouvernement Impérial, n'étant ni lâche ni parjure, est le gouvernement qu'elle défendra.

Malgré ce coup porté à ton honneur, tu te raidis, ô Armée française! et tu persistes à te préparer aux grands évènements. Quand l'heure sera venue, la Patrie n'aura qu'un signe à faire pour que tu sois à sa disposition, et pour que tu écrases, à la fois, les conspirateurs, foudroyés par le deux décembre, et les étrangers qui te croient anéantie.

Cette colonie que tu nous as conquise et conservée, tu l'empêcheras un jour de devenir le refuge de ceux qui, jadis, votaient ton déshonneur au palais Bourbon; et quand Napoléon III s'écriera, un jour, qu'il est l'Empereur des Arabes au même titre que l'Empereur des Français, tu applaudiras à ce langage qui témoigne de la mission civilisatrice de la France.

Tu n'as pas été seule à souffrir : — ta sœur la Marine a senti le joug de la honte, et, obligée de courber ses épaules meurtries devant l'Angleterre, elle a juré avec toi haine au Parlementarisme. — Eh bien! Armée, eh bien! Marine, tous ces hommes, qui viennent aujourd'hui, la mine doucereuse et la voix hypocrite, parler de libertés nouvelles, ils ne réclament ces prétendues libertés que pour en user contre vous, car ils vous détestent de tout leur cœur.

IV

Bien des fois, dans ce livre, j'ai écrit : —
« Voyez, là est Dieu ! » — C'est que Dieu est partout où s'élaborent les destinées de la France.

Voyez, là est Dieu !

Et j'appuie sur ces mots, pour réagir contre la
doctrine désorganisatrice, qui ne comprend pas que
la veille ait une influence sur le lendemain, et que
Dieu soit le juge sévère, poursuivant, à travers les
générations, la responsabilité humaine.

Non, ce n'est pas être injuste que de châtier le
père dans ses enfants ; c'est être terrible, voilà
tout ! — Mais du jour où les pères sont convaincus
que la responsabilité est un héritage, dont ils ne

peuvent écarter leurs fils, les pères ne consentent pas volontiers à commettre le crime, car ils ne veulent pas que leurs enfants soient traités en criminels.

Mon Dieu, vous avez été terrible, mais vous avez été juste, en établissant cette responsabilité que vous vous réservez de compenser dans une vie meilleure. — L'enfant est la conscience vivante de l'homme, et, si la voix intérieure ne le préserve pas du mal, il faut que la voix du dernier-né lui crie : — « Père, fais le bien ! Si tu commets le crime, Dieu me frappera sous tes yeux ! » —

Le Régent a corrompu Louis XV ; Philippe d'Orléans a guillotiné Louis XVI ; Louis-Philippe a déshonoré la mère de Henri V ; il faut que Dieu frappe, et nulle philosophie n'osera nier qu'il ne soit moral et bon que le châtiment tombe sur des innocents, chers aux coupables, afin qu'il soit établi qu'un principe funeste ne saurait être légitimé par des individualités pures.

Et, tout en sanctionnant cette impossibilité, l'action divine écartera l'obstacle dynastique debout entre la France et la résurrection de l'Empire, à laquelle la France ne cesse de se préparer dans l'ombre.

L'homme qui a consenti, au prix de son honneur, et du martyre quotidien de sa sainte compagne, à repousser du pied le berceau, confié à sa garde par la chevaleresque loyauté d'un aïeul, cet homme a un fils, qu'il chérit entre tous les autres, parce que ce fils est l'aîné, parce que ce fils est l'Avenir, et, il faut bien l'ajouter, parce que ce fils est le seul, de tous les siens, dans la tête duquel ait pu grandir la confiance dans la dynastie orléaniste.

Nemours, qui vient après lui, gémit sur le berceau repoussé. — Joinville, d'Aumale, Montpensier versent des larmes sur nos lauriers piétinés par l'Oligarchie anglaise.

Le duc d'Orléans seul est bien d'Orléans, quoique loyal.

Trois générations se sont résumées en lui et ont oblitéré ses facultés au point de l'amener à croire, sans indignation, que sa mission royale est légitime et qu'il sera moral et honnête à lui de régner sur la France avec la Bourgeoisie.

La preuve qu'il est sincèrement prêt à remplir cette mission, c'est qu'il s'y prépare dans le sens qu'elle lui impose et qu'il cherche une mère protestante aux enfants qu'il doit avoir.

Ce qu'il faut reprocher aux grands crimes des hommes et aux grandes infâmies des oligarchies, ce n'est pas tant ces infâmies et ces crimes eux-mêmes que leurs conséquences. — Que Dieu n'in-

tervienne pas, et voilà que, peut-être, le duc d'Orléans règne paisiblement ; que le comte de Paris
lui succède et que la France, semi-protestantisée,
laisse la désorganisation anglo-saxonne pénétrer
l'Europe jusqu'à la moelle.

Et le crime, l'infamie, en se perpétuant d'hommes en hommes et d'époques en époques, a fini
par nous apparaître sous les traits nobles, déli-
cieux et innocents d'un Prince français, d'une
jeune Princesse instruite et courageuse, d'un enfant qui est comte de Paris.

Qu'à cette heure on montre au penseur incrédule cette identification triomphante du crime et
de l'infamie, il dira : — « Vous voyez bien que
» votre action providentielle n'existe pas et que la
» main de Dieu s'est écartée des hommes. » —

Il va voir.

Un jour, que le ciel est pur, que les arbres sont
verts, que les ruisseaux n'ont aucune ride ; un
jour, que tout est espérance et joie, que les Peuples l'acclament, que les armées l'attendent pour
le fêter, que ses fils sont souriants et roses, que
sa femme est belle entre les belles, qu'il se sent
lui-même plus dispos que jamais, le duc d'Orléans
commande qu'on attèle sa voiture la plus légère,
celle dont le poids ne peut irriter ses chevaux,
celle qui rase le sol et dont on peut s'élancer à

terre comme d'une marche peu élevée : la voiture
des allégresses et des bonnes journées ; il faut
qu'il aille embrasser sa mère, avant de partir pour
le camp.

La voiture est attelée ; il y monte ; elle s'élance.

Aveugles ceux qui ne voient pas, dans l'azur
tranquille, voler, à la suite du phaéton du Prince,
l'ange exterminateur, son épée flamboyante à la
main.

« Fais ton devoir ! » — lui a crié Dieu.

Et l'ange hésite.

Il hésite, parce que ce jeune homme est beau, gé-
néreux ; qu'il sourit à tous ; que tous lui sourient.—

« Mon Dieu, vous ai-je bien entendu ? »

» Fais ton devoir ! »

L'ange hésite, parce que les populations souhaitent au Prince un bon voyage et que le Prince
porte, sur lui, une des médailles de sa mère.

« Mon Dieu, vous ai-je bien entendu ? »

» Fais ton devoir ! »

Voici Neuilly ; — voici la noble Reine Amélie, à
genoux dans son oratoire. — Elle prie ; elle pleure
de joie, car elle sent approcher son fils !

« Mon Dieu, vous ai-je bien entendu ? »

» Fais ton devoir ! »

Cependant, aux genoux de Dieu, se traîne une
vierge blanche : —

La princesse Marie !

Celle qui nous a ressuscité Jeanne d'Arc.

« Pitié pour mon frère ! »

La voiture dévore l'espace. —

« Mon Dieu, vous ai-je bien entendu ? »

» Fais ton devoir ! — Tu es sur le chemin de la Révolte ! »

L'ange n'hésite plus ; il agite son épée flamboyante et disparaît dans l'espace, en se voilant les yeux.

Le postillon voit, tout-à-coup, les yeux des chevaux se remplir d'éclairs ; leurs naseaux vomir des flammes.

Ce ne sont plus des chevaux qu'il conduit ; ce sont les coursiers de la fatalité antique, effrayés par quelque invisible monstre. —

Mais il va se trouver quelqu'un, sur la route, qui les arrêtera ; le Prince n'a qu'à se maintenir dans la voiture légère, et, dans une seconde, il est sauvé.

Le Prince est français, le Prince est courageux, le Prince saute à terre !

Infortuné jeune homme ! — Il rebondit sur le pavé de la route ; son front se brise ; il tombe inanimé.

Ah ! tu n'as pas vu Dieu dans l'Histoire, incrédule penseur ! —

L'y vois-tu maintenant ?

Regarde accourir de Neuilly ces deux vieillards que la douleur sanctifie. — Regarde la Reine se précipiter sur l'enfant adoré ! — Regarde le Roi, pâle et muet comme une statue, hésitant, foudroyé !

On apporte un brancard ; on y place le malheureux Prince.

Et, derrière, marche, au bras de la Niobé royale, celui qui aurait pu être le lieutenant-général du royaume.

Triste cortége, mais providentiel événement !

Le Roi entend des bruits confus à son oreille ; des nuages passent devant ses yeux.

Mais, bientôt, les bruits se précisent et les nuages se dissipent.

Il voit le Régent dans les bras de Parabère ;

Il voit Philippe d'Orléans à la Convention ;

Il voit le Roi des deux-cent-vingt-et-un, allant à l'Hôtel-de-Ville sanctionner la dernière infamie de Lafayette.

Et il entend :

— « Vive Dubois !

— » Je vote pour la mort !

— » J'accepte la couronne ! »

Alors il comprend que sa dynastie ne peut pas régner sur la France, et, déjà, dans son esprit, l'abdication de 1848 est arrêtée.

Du Prince Royal aimé, fêté, acclamé, il ne reste,

sur la route fatale, qu'un souvenir, mais ce souvenir est une éloquente leçon.

C'est une humble chapelle, dans laquelle se pressait la foule, quand Louis-Philippe était encore aux Tuileries, quand on espérait pouvoir rencontrer, au pied de l'autel, la Reine sainte qui croyait à tout.

Depuis que la Reine est en exil, ceux qu'elle a comblés de bienfaits ne hantent plus la chapelle; — ils servent l'Empereur, pour la plupart, ce qui fait que l'Empereur est parfois triste en les regardant et se dit, que s'ils ne vont plus prier sur le chemin de la Révolte, ils n'iraient pas davantage pleurer sur les siens, s'il tombait.

Sire, les hommes du Peuple saluent cette chapelle, quand ils passent devant elle; je m'y suis agenouillé sous votre règne; et j'y agenouillerai mes enfants, afin qu'ils apprennent, de bonne heure, à comprendre l'action de Dieu dans les événements; à se rendre compte des funestes conséquences morales de l'instabilité politique; et à respecter la mémoire de tous ceux qui, à n'importe quel point de vue, ont sincèrement aimé et loyalement servi la France!

Ceux-là se trompent étrangement, n'est-ce pas, Sire, qui croient vous être agréables, en feignant d'oublier leurs bienfaiteurs. — Tout souverain,

ayant la connaissance profonde des hommes, devine quels sont ceux qui calculent, dans le secret
de leur esprit, les chances de sa dynastie, et qui
se demandent s'ils ne doivent pas hésiter à se com-
promettre trop pour elle. Ils ne vont pas prier pour
le repos de l'âme d'un Prince frappé par Dieu,
mais ils se garderaient bien de défendre énergi-
quement des droits quelconques contre les chefs des
partis, qui peuvent, un jour peut-être, selon eux,
ressaisir le pouvoir et récompenser leur prudence.

V

Qui pourra descendre dans l'âme des hommes
et dire ce qui s'y passe, lorsqu'une leçon divine
est venue leur apprendre qu'il y a, au-dessus du
fait accompli, quelque chose qu'il n'est donné à personne de combattre ou d'oublier?

Mais il est facile de se rendre compte de l'effet
de cette leçon, à la conduite postérieure de ceux
qui l'ont reçue.

La douleur ne fait pas que sanctifier; elle expie.

Impitoyable pour Louis-Philippe, avant la mort
du Duc d'Orléans, je ne vois plus en lui, après
cette mort, qu'un Roi qui s'efforce de se soustraire
au rôle funeste qu'il a accepté, et qui refuse, avec

une certaine noblesse, de se prêter aux caprices
de son complice la Bourgeoisie.

Il tombera, à la suite de cette résistance, comme
Charles X est tombé, mais sa chute sera sa délivrance et sa régénération.

Deux courants opposés entraînent, dès-lors, les
complices de 1830.

Les deux-cent-vingt-et-un, et ceux qui ont
accaparé leurs priviléges, désirent renforcer l'Oligarchie française qu'ils organisent, par l'adjonction
de prétendues capacités. Dans leurs mains, ces capacités prétendues deviendront autant d'entraves
à l'élévation du Peuple, car il n'y a rien d'aussi
anti-démocratique que la plupart des capacités-
diplômes qui, trop souvent, ne sont que de triom-
phantes ignorances.

Louis-Philippe désire, au contraire, que sa famille acquière assez de force, par de nouvelles et
plus louables alliances, pour tendre la main au
Peuple, par-dessus le groupe désormais odieux
pour lui de ses complices de 1830.

Les mariages espagnols sont arrêtés.

Pour se rendre compte de l'obscurité des malentendus, à travers lesquels la France a regagné
la lumière Impériale, et des erreurs, à l'aide desquelles les partisans des idées oligarchiques ont
voulu conduire le Peuple à la constitution définitive

de l'Oligarchie organisée par eux, il faut se placer
bien au-dessus des événements qui vont surgir,
et remarquer que les providentielles catastrophes
seront l'œuvre de la fausse interprétation donnée,
par les corrupteurs des foules, aux actes du Roi et
de ses complices de la veille.

Dans le mouvement réformiste, le Droit, la Raison et le Patriotisme sont du côté du Roi. — Le
mauvais vouloir, l'aberration et la crainte d'un
réveil de la France sont du côté des co-partageants
dans l'héritage des deux-cent-vingt-et-un.

Louis-Philippe n'est point abandonné par la
Bourgeoisie, parce qu'il a trahi la France, mais
parce qu'il va essayer de ne la plus trahir.

Le Duc d'Aumale et le Prince de Joinville se
prêtent noblement à cet essai.

L'alliance intime avec la cour de Madrid est,
pour le Monde, le signe certain de la modification
des opinions du Roi des Français.

Après les mariages espagnols, l'Angleterre dit à
ses complices : — « L'heure est venue ! »

Dans leur entêtement, à ne compter le Peuple
pour rien, comme ils le font dans leurs îles, les
Oligarques anglais se figurent qu'en dix-huit ans
l'Oligarchie française a acquis assez de biens pour
disposer des masses, et qu'il va lui être facile d'or
ganiser un Gouvernement qui ne sera que le sien;

qui dissoudra l'Armée d'Afrique ; qui renoncera à toutes les légitimes espérances de la Patrie ; qui sacrifiera tout à la satisfaction exclusive de ses égoïsmes.

C'est parce qu'elle a cette conviction qu'elle pousse à la Réforme. — Les réformistes triomphent ; la Monarchie bourgeoise s'écroule ; la République oligarchique s'organise ; l'Europe applaudit à cet abâtardissement de la France ; nous sommes bien véritablement rayés de la carte des influences.....

Le Peuple reparaît !

Vive la France, Reine des Nations !

Louis-Philippe doit être personnellement remercié pour avoir entrevu cette réapparition probable du Peuple, et pour avoir compris qu'elle aurait lieu dans le but de replacer la France sous le patronage du nom de Napoléon. Ce patronage, il a cherché à le monopoliser pour sa famille, afin que le Peuple oubliât le nom de d'Orléans sous le nom de l'Empereur arraché à l'Angleterre, et il a négocié le retour des cendres du captif de Sainte-Hélène.

Certes, Louis-Philippe a été poussé à cette négociation par une pensée égoïste ; mais l'égoïsme qui s'élève jusqu'à l'oubli de lui-même, pour confesser la grandeur d'un culte national, est bien prêt de devenir du patriotisme ; mais nous ne de-

vons pas oublier qu'au milieu des mers, le Prince
de Joinville, chargé du dépôt glorieux, commanda
le branle-bas de combat à l'aspect d'une croisière
anglaise, prêt à se faire couler en fils de France
pour la défense des cendres de Napoléon.

Impitoyables pour les principes, soyons justes
pour les hommes. Glorifions les actes individuels,
tout en flétrissant les causes politiques, et déplo-
rons que le fatal aveuglement révolutionnaire ait
occasionné les malentendus et les crimes qui s'op-
posent seuls à ce que l'Unité française soit l'œuvre
collective de tous les Français sans exception.

Quand la croisière anglaise parut menacer la
Belle-Poule, le Prince qui commanda le branle-bas
de combat comprit, en sentant lui refluer au cœur
le sang de ses veines, que désormais, pour la France
et pour chaque Français, il n'y avait plus rien de
possible sans l'intervention du nom de Napoléon !

TABLE

BORDEAUX. — Imprimerie EUG. BISSEI, rue Porte-Dijeaux, 43.